世界风云政治家

Franklin
富兰克林 自传

[美]本杰明·富兰克林◎著
李 妍◎译

中国书籍出版社
China Book Press

图书在版编目（CIP）数据

富兰克林自传/(美)富兰克林著；李妍译. —北京：中国书籍出版社，2016.5
ISBN 978-7-5068-5568-6

Ⅰ.①富… Ⅱ.①富…②李… Ⅲ.①富兰克林，B.（1706～1790）—自传 Ⅳ.① K837.127=4

中国版本图书馆 CIP 数据核字 (2016) 第 106279 号

富兰克林自传

(美) 富兰克林　著，李妍　译

图书策划	武　斌　崔付建
责任编辑	成晓春
责任印制	孙马飞　马　芝
出版发行	中国书籍出版社
地　　址	北京市丰台区三路居路 97 号（邮编：100073）
电　　话	（010）52257143（总编室）　（010）52257140（发行部）
电子邮箱	eo@chinabp.com.cn
经　　销	全国新华书店
印　　刷	三河市华东印刷有限公司
开　　本	710 毫米 ×1000 毫米　1/16
字　　数	196 千字
印　　张	12
版　　次	2016 年 8 月第 1 版　2016 年 8 月第 1 次印刷
书　　号	ISBN 978-7-5068-5568-6
定　　价	25.00 元

版权所有　翻印必究

前　言

本杰明·富兰克林被称作是"第一个美国人"以及"最后一个全才的人",他用他84年的生命之路为我们呈现了他的成就、才能与乐趣。

本杰明·富兰克林是美国鼎鼎有名的涉足思想、政治、外交、科学、慈善以及实业等多个领域,并取得杰出成就的伟人,他以其无与伦比的人格魅力吸引着全美国乃至全世界的人们!如今的美国就是建立在他和他的伙伴们的智慧、见地,以及他的远见和细致入微的组织能力之上的。因此,时至今日,本杰明·富兰克林还是对美国乃至整个世界的人们有着深刻的影响,尽管在两百多年前(即他过世之前),他单单以"印刷匠富兰克林"这几个字作为自己的墓志铭。

这本《富兰克林自传》写于富兰克林65岁之际,其中所包含的不单单是富兰克林的个人经历,更是富兰克林对生活、生命的思考。它是众所周知的、改变了很多人命运的精神食粮。翻阅本书,就如同与一颗伟大的心灵对话,得到的是一份智慧。

选择再译这本著作的原因是:一、它是新时代的历史"史诗";二、它记录了一个平凡的伟人的一生;三、它是十八世纪美国文学的经典。

富兰克林在书中反复向我们强调了他的十三种品德,尽管他在行动上仍然谈不上完美,但是他不断追求这十三种的精神却值得我们每个人学习。

他在他的自传里是这么说的:"我想要做的就是养成具有所有美德的习惯。""最佳的途径还是在某一个时间段内先全神贯注学会某种品德,然后再全神贯注学下一种品德，因为先得到的品德可以为获取其他品德奠定基础。"如此说来，译者认为，我们也可以效仿富兰克林的这种做法，培养自己的品行德行。

《富兰克林自传》这本书对后世所具有的这种深远、积极的影响是公认的。

富兰克林的好友——哲学家理查德·普莱斯就是第一个对这本书进行评论的人，他是这么说的："富兰克林的人生那么出色，如果把他的经历写成书公布给大家看的话，相信会极大地刺激人们的好奇心，吸引他们去了解。一想到这本书的作用就让人感到心情愉悦。相信这是一本让人心情愉悦的书，这里面大部分都是以个人的典型经历作为教育典范对人们进行教育，告诉人们，一个卑贱的人怎么通过勤劳、仔细和正直等品质引领自己走向成功。"查德·普莱斯的这一评论为我们展现了同时代的学者对富兰克林这本自传的评价。不得不说，《富兰克林自传》是人类的一笔伟大的精神财富。

历史学家萨缪尔·伊利亚特·莫里森则是这么评论的："正是因为富兰克林对人民那博大的爱，使他能够聚精会神，将自己的思想聚集起来。"无论是英国的政治家和还是法国的政治家，在他看来都是一样的，平等的。如果非要用东西来比喻的话，他就好比那双旧鞋子，让人放松，给人以温馨、舒服的感觉。莫里森还提出，如果我们就处于1776年，要是可以跟富兰克林通话聊天的话，他一定能够给你一种舒服的感觉。他肯定会问候我们的父母，甚至可能还认识他们，或者最少都能知道相关的事情；他会跟我们聊天，跟我们说一些忠告，同我们握手，对我们微笑……

……同样高的评价还有很多，这里就不一一列举了。想必大家也都能从上述评价中对富兰克林这个人有了一定的认识，也能理解为何还要再译这本书了。那么，就请大家翻开这本书，用心去阅读，去探寻富兰克林的人生，去感悟富兰克林的人生、价值观，相信你能够从中获益许多。

目　录

第一章　/ 001

第二章　/ 023

第三章　/ 038

第四章　/ 047

第五章　/ 054

第六章　/ 063

第七章　/ 069

第八章　/ 081

第九章 / 090

第十章 / 109

第十一章 / 121

第十二章 / 130

第十三章 / 138

致富之路 / 142

富兰克林年表 / 150

译后记 / 179

第一章

写给新泽西州[①] 州长——威廉·富兰克林
（在1771年于都怀福德教区，圣阿沙夫教堂主教的家里写下）

亲爱的孩子[②]：

一直以来，我都热衷于收集一些与我们祖辈们相关的奇闻怪谈。你可能还能回忆起，你和我一起在英国居住时，我曾为了这个原因长途跋涉[③]，走访那些还健在的亲朋好友。我猜，你对我这一生的经历应该也是好奇的吧，毕竟这里面包含着不少你闻所未闻的趣事呢。现如今，我正在乡下度假，估计有一周的空闲时间，那倒是正好可以坐下来，把那些事情写一写。

此外，促使我做这件事的还有其他一些原因。我自幼家境贫寒、地位卑贱，但是到后来，生活条件竟日渐优越，还拥有了一定的名望。说实话，我的经历里带有些许运气的成分。总之，凭借着我自己的处世之道以及上帝的庇佑，我终于获得了成功，生命到这也可以算是一帆风顺吧。我想我的后代们可能会对这些处世之道感兴趣，他们可以从中得到一定的启示，找到一些应对自己情况的经验，并进行效仿。

每当我回忆起我过去的这些幸运的经历时，我会冒出这样的想法：如果能够让我再重新选择一次的话，我会不假思索地选择将我这一生重演一番。并且希望能够像作家一般，当自己的作品进行再版时，可以纠正初版中的某些缺陷。这样一来，我就不单单能够改正一些错误，还可以使自己过得更加顺利一些。就算是那些往事都无法更改，那么，我还是乐意重演一番我这一生。可是，这是不可能的，人生根本没有重演这一说法。如此，我便只能依靠回

[①] 美国最初13州之一。东南临靠大西洋。
[②] 威廉·富兰克林，生于1731年，于1763年成为新泽西州长。在战争期间一直效忠于英王，和父亲关系有所疏远，直到革命后双方关系才有所缓和。
[③] 富兰克林曾经于1758年带着儿子游历英国，去了祖先曾经居住的地方。

忆了，这是最接近重演人生的一种办法了。而为了让回忆能够尽可能地流传下去，就有必要用手将它们写下来。

所以，我想要跟所有平凡的老人一样，絮絮叨叨地把自己还有自己这一生的故事讲一讲。当然，我会尽量让自己所讲的故事不那么枯燥，毕竟有一些人只是为了表示对老人的敬重才不得已来听我念叨的。不过既然是写下来了，那么，乐意听从我的建议则可，不乐意也就算了。

最后（我想我还是自己承认吧，因为就算我不承认，也没人愿意相信）写自传的过程中，我的自负心理得到了极大的满足。坦白地说，我几乎很少听过或者看到别人在说完"我可以毫不夸张地说，我不存在一丝虚荣心……"之后，他们真的就没有进行自我吹捧。一般情况下，大多数人都不喜欢别人虚夸或自吹自擂，尽管事实上每个人都会有一点虚荣的。不过，我倒是可以宽容地对待这些虚荣心，因为我总觉得，这样的心态其实对他们自己也是有一定的好处的，甚至对周围的人也有好处。因此，在我看来，如果一个人认为自负对自己的生命是一种慰藉，并且因此而感恩上帝的话，这也是无可厚非的，并没有不妥的地方。

话说到这，我必须虔诚地感谢上帝，感激他赐予我过去生命中的种种幸福，引导着我领悟处世之道，并最终取得成功。基于这份信仰，虽然我不应该那么武断地认定上帝依然会像以往一样眷顾我，但是他必然会伴我左右。当然，不排除我也会承受与其他人一样的沉重挫折的可能。因为将来的走势是怎样的，只有上帝有权力去干涉。但是无论如何，对我而言，不管是幸福还是苦难，都是上帝对我的馈赠。

我的一位族内的伯父（一个同样热衷于收集奇闻趣事的人）曾经把他自己的一些札记送给我，那里面记录了不少我们先人的事迹。通过那些札记，我才发现，原来我们这个家族已经在诺桑普顿郡居住了300多年了。至于在此之前的那些时间，他也是不清楚的（可能是从他们开始以"富兰克林"为姓开始的吧。此前，"富兰克林"还是一个人民阶级[①]的称呼，风靡全英国）。那时候，"富兰克林"所代表的那个劳动阶级拥有着30英亩土地，并兼职打铁。一直到我的父辈这一代，依然坚持着打铁这一职业。而且行内也一直沿

---

① 指英国十四、五世纪的非贵族的小土地所有者或自由农。

袭着长子继承的制度——也就是每个家庭里的长子继承铁匠之位。无论是我的父亲还是我的伯父都谨遵这一制度，让自己最大的儿子学习当一名铁匠。

我曾经翻阅过爱克顿教区的户籍册，上面记载着人们的出生、婚嫁以及丧葬，最早可以追溯到1555年，但是，再往前的就无迹可寻了。当然，在这本户籍册里我还是有所收获的：我是家族中五代以来最小儿子的幼子。

汤姆斯是我的祖父，他出生于1598年。他这一生的大半时光都在爱克顿度过，直到年迈退休后，才搬到住在牛津郡的班布雷教区的儿子，即我的约翰伯父那边去。约翰伯父在那边的一家印染厂做染匠，而我的父亲就在他身边做学徒工。后来，祖父在班布雷教区去世，并安葬在那里。1758年，我们去他的坟墓前进行了祭拜。祖父的大儿子汤玛斯一直居住在爱克顿教区"富兰克林"的老屋那儿。在他去世前，他把那座老宅子当作遗产留给了他唯一的女儿，也就是我的堂姐。然而，这个堂姐却和一个叫费什的威灵堡人结为了夫妻，并将老宅出售给了伊斯德先生。现如今，伊斯德先生已经是这个老宅子的主人了。

祖父一共育有4个儿子：汤玛斯、约翰、本杰明以及约西亚。因为我手头没来得及拿到具体的资料[1]，所以只能把自己记忆中的写下来。如果在我离开家以后，这些东西都还原封不动地在家中的话，你便可以从中得到更加具体的资料了。

按理来说，汤玛斯伯父应该继承祖父的事业成为一个铁匠的。但是，由于他天资聪慧，并受到了当时本地的一位叫帕尔默的大绅士的鼓励（他的兄弟也同样受到鼓励），于是，汤玛斯伯父成功取得了书记官的资质，成为当地一个颇有名望的人。他还提倡与推动了本村以及诺桑普顿郡的公益活动的举行。他做过许多这一类的事情，也因此受到了当时的哈利法克斯勋爵的赞扬和奖赏。

汤玛斯伯父是在1702年1月6日去世的，而我恰好就在四年后的这一天出生[2]。我还记得当上一代的长辈们向我们讲述汤玛斯伯父的时候，你还惊讶于我的各方面与他相似的情形呢。你甚至还说"如果他恰好是在我出生的

---

① 富兰克林的资料保存于费城。
② 1752年，英国和英属北美殖民地原先采用的旧历被新历所取代，导致日期后移了11天，于是富兰克林的生日就从1月6日变成了1月17日。

那天去世的话，一定会有不少人觉得这是灵魂转生的现象吧！"

说到二伯父约翰，就不得不说起他的染匠职位，我一直觉得他是染呢绒的。而三伯父本杰明则是一个染丝绸的工匠，他的手艺可是在伦敦学习的。本杰明伯父也是个天才呢。我还清楚地记得在我幼年时期，他曾经漂洋过海来到波士顿寻找我的父亲，并与我们一起居住了几年。就连他的孙子萨缪尔·富兰克林至今也还住在波士顿。他去世之后，遗留下两本四开本的诗稿，那里面都是一些他写给亲朋好友的诗，其中还有一篇是寄给我的。

他自己还研究出了一套独特的速写方法，并传授给了我，可惜我一直都没有去练习过，以至于现在都忘光了。不得不说的一点就是，我是跟这位伯父命名的，因为我父亲和他的关系特别好。

他是一个特别虔诚的信徒，总是去一些知名的传道士那里听讲，并利用自己的速写方法将那些讲解记录下来，累积了不少讲解笔记。此外，他也是一名了不起的政治家。但说实在的，以他当时的社会地位来说，他有些过分关心政治了。

近期，我在伦敦拿到了一些他的札记，上面详细地记载了自1641年到1717年，本杰明伯父所收集的各种政治上的大事件。从上面所标注的序号来看，已经有不少遗失了。所幸的是，还有8本对开本以及共计24本的四开本和八开本，这还是我偶然从我的一位贩卖旧书的朋友那里得来的呢。因为我经常光顾他的旧书店，所以他索性把这些珍贵的札记都送给我了。我分析了一下，发现这些珍贵的札记很可能是本杰明伯父去美洲前留下的，说起来也有50几年了。书上的空白处还有伯父留下的不少注解。

我们那地位卑微的家族很早就参与到宗教改革的热潮中去了，祖先们对新教的信仰贯穿了整个玛丽女王[①] 统治时期（1553~1558年）。然而，那时候的他们特别反对教皇，甚至因此多次陷入被迫害的危险之中。曾有一次，他们为了保存和藏匿一本英文版的《圣经》[②]，竟把翻开的圣经用绳子绑在了折叠椅的椅面底部。每当我的曾祖父要诵读经文的时候，都要把折叠椅翻转过来放在自己的膝盖上进行翻阅。每每这时，他还会派一个孩子在门口盯

[①] 于1553年到1558年在位，由于大力迫害新教徒，被称为"血腥的玛丽"。

[②] 天主教的《圣经》是拉丁文的，富兰克林家族信奉新教，所以采用英文版的《圣经》。

梢，防止有教会法庭的官员经过。只要收到有官员经过的消息，曾祖父就会立刻把椅子放回去，把《圣经》妥当藏好。这些事情都是本杰明伯父告诉我的。我们家族对英格兰新教的信奉一直延续到了查理二世①统治结束。那时候，还有一些牧师被驱逐，原因就是他们不推崇新教。这些被驱逐的牧师在诺桑普顿举行的非国教会议吸引了本杰明和约西亚，促使他们俩在往后的生命中改信非新教。不过，我家族的其他人还是坚持信奉新教。

  我的父亲约西亚很早就结了婚。婚后，也就是大概1682年②的时候，他便带着自己的老婆还有三个孩子搬到了新英格兰。由于法律规定新教徒不可以举行宗教集会，所以教会经常派人去干扰这些聚会。这就导致了我父亲的一些对教会有重要影响的好友无奈地搬迁到新英格兰去。我的父亲就是和他们一起过去的，他们希望从此过上宗教信仰自由的生活。在新英格兰，我父亲的第一位老婆又生了4个孩子。紧接着，我父亲又娶了第二任妻子也就是我的母亲。我的母亲为他生下了10个孩子。这样一来，他共计拥有17个孩子。我无法忘记那一次他和13个孩子同桌而坐时的情景，那13个孩子都已经成年了，而且都已经结了婚。我是父亲最年幼的儿子，而在我之下，还有两个小妹妹。我的出生地就是新英格兰的波士顿。我的母亲是彼得·弗格尔的女儿——阿比娅·弗格尔。我的外祖父彼得·弗格尔是第一批新英格兰的移民。如果我没记错的话，克顿·马休③还曾经在《美洲教会史》里面赞扬过他，把他评价为"一个忠诚且博学的英国人"。我记得外祖父曾经写过各种各样的即兴短诗，不过就只有一首出版。那首诗，我在多年前曾拜读过。

  这首诗的创作时间是1675年，是为了献给当时当地的执政党而写的。诗的体裁在当时民间广为流传。诗的主旨在于坚持信仰自由，支持受迫害的浸礼会、教友会以及其他教派。诗中谴责了迫害教会带来了殖民地里印第安人的战争和其他各种灾难，表明那些灾难都是上帝的判决及惩戒，规劝当局将那些不合理的残暴的法律废除。

  依我所见，那首诗整体简洁明了，富有节奏感。整首诗中，我印象最深的莫过于最后的6行，前面的都已经记不清了。不过可以肯定的是，他的批

---

① 于1660年到1685年在位。
② 其实是1683年10月。
③ 一名牧师。

评是出自好心，所以他不愿意选择匿名发表：

打心底里，
我对那些匿名的诽谤者深恶痛绝；
因此我在诗歌上面签上我的名，
我可以直接告诉你，我住在谢尔本，
我是你的好朋友，我并没有恶意，
我叫彼得·弗格尔。

　　我的哥哥们纷纷投身于各种各样的行业中。而我自8岁起就被送到波士顿文法学校学习，因为我父亲想要把我奉献给教会，希望我为教会做贡献。说到学习方面，我倒是很早就已经开窍了（我想我的确算是早慧的，以至于我自己都记不起自己曾有过不识字的时期）。我父亲的朋友们都认为如果我往学者方面发展是肯定可以取得大成就的，所以纷纷支持我父亲送我去学校接受教育。

　　我的伯父本杰明也持有相同的看法，他还表示，如果我愿意学，他就将自己所有说教的速记本送给我。可惜，我在波士顿文法学校只上了不到一年的学。虽然那一年里，我的成绩越来越出类拔萃，并且直接升入了二年级，这样我就可以在年终和其他同学一起升入三年级。但是，那时候，我父亲因为不堪家庭重负，渐渐失去了供我上学的能力及信心。他还当着我的面对他的朋友们说，就算是那些受过高等教育的人，也还是有不少过得穷困潦倒。出于这种种原因，父亲放弃了把我培养成一个学者的打算，转而把我送进了书写与算术的学校上学。当时著名的乔治·布劳恩威尔先生任该校校长。在技能及人生职业上，他无疑是非常成功的。无论在哪个方面的教学，他采取的都是激励政策。在他的悉心教导下，我很快就把字写得很漂亮了。不过，很遗憾，我没能学好数学，连一点进步都看不到。

　　到了大概10岁的时候，我无奈选择了辍学，回家帮助父亲做生意。我的父亲自从搬到了新英格兰，就发现在这里印染业并不吃香，他入不敷出。于是，他改行做了牛油蜡烛业和肥皂制造业。辍学后，我就负责帮着剪蜡烛芯、浇注蜡烛模、看店或者出差等。

其实我对这个行业一点都不感兴趣，我总是希望能够出去航海。但是，这个想法却遭到了父亲的极力反对。不过，因为临海而居，我常常会到海边戏水，并且很早就学得游泳的好本领，划船技术也很棒。每次和朋友们一起驾船游玩的时候，我往往都当任总指挥的角色，特别是在每次危险降临的时候。这样一来，在很多其他的事情上，我往往就是充当领导人的角色。不过，有时候我也会犯错，把他们带进困境之中。说到这，我不得不举一个例子来说明，这个例子能很好地体现出我早早就具备了热心公共事业的精神，虽然，这件事在当时并没能处理好。

在水车蓄水池的边缘有一个盐碱沼泽地，在涨潮的时候，我们经常在那儿垂钓。因为经常性踩踏，那个盐碱沼泽地的边缘被我们踩得变成了一个泥洼。于是我提议在那里修筑一个码头，这样一来我们就有地方站了。旁边正好有一堆建筑工人准备建新房的石头，那些石头恰好就是我们所需要的。于是，我们等到那些建筑工人们走后，立刻搬石头来修建我们的码头。我们来来回回，活像一群勤勤恳恳的小蚂蚁，有时，还需要两三个人一起搬。终于，我们搬光了所有石头，总算搭建好了我们的小码头。第二天，工人们回来，对石头的丢失感到十分意外，还决定严查。等到在我们的码头发现了那些石头，并了解清楚是我们做的后，他们狠狠地把我们批评了一番，并告诉了我们家的大人。我们中的一些人还受到了父亲的严惩。虽然那时候我拼命辩驳我们做的是公益事业，但是，我父亲还是严厉地批评了我。他告诉我："但凡不诚实的事情都不是有益的事情。"

至此，你可能对我父亲的性格和外貌十分好奇。我也不妨告诉你，我的父亲中等身材，但是，他的身体非常结实。他十分聪明，擅长画画，略懂一点音乐，天生一副曼妙的歌喉。所以，每天当他结束了一天繁重的工作，一边拉起小提琴，一边引吭高歌的时候，连听者也会感到心情舒畅。除此之外，我的父亲对机械也很精通，他可以熟练地使用别的行业所运用的机械。事实上，我的父亲最大的优点是他深明大义，而且在很多繁杂的事情上，无论是公事还是私事，他都能果断地做出决策。他没有担任过任何公共事业的职务，因为他肩负着一整个家庭的开销，所以全身心都放在了他的工作上。不过我印象很深的是，有不少地方上的名人经常会上门来找我父亲，他们总会咨询我父亲对于镇上或者他所在的教会的难题的看法和建议，而且，他们对我父亲的言论表现出了极大的敬意。不仅如此，当一些人在生活中遇到了不解及困惑的时候，他们也乐于向我父亲请教，甚至经常把我父亲推荐为矛盾调停人。

我父亲特别热衷于约上几个明事理的朋友或者邻居来我家，他们一起坐在饭桌前探讨一些明智或有益的事情。通过这样的形式，父亲教会了我们如何做一个正直、善良的人，在今后的生活中应该以怎样的处世之道生活。而且，对于饭桌上的食物是什么，味道如何，新不新鲜，好不好吃并不在意。这就导致了我也对食物渐渐也变得毫不在意，甚至可能你在饭后的几个小时后来问我刚刚吃什么，我都回答不上来。不过这样也好，在出门旅行的时候，我的一些朋友总会因为饭菜无法满足他们的口味而闷闷不乐，但这样的情况却不会出现在我身上。

跟我的父亲一样，我的母亲的身体也很不错，她成功地哺育了10个小孩。她和我父亲都很少生病，如果不算上导致他们病逝的那场病的话，可以说几乎没有生病吧。我父亲于他89岁那年去世，而我母亲也活了85岁。他们死后合葬在波士顿。几年之前，我为他们立了一块大理石墓碑，上面写着：

> 约西亚·富兰克林
> 及其妻子阿比娅，
> 合葬于此。
> 他们共度了55年和谐恩爱的婚后时光。
> 他们没有丰厚的财产，也没有崇高的官职，
> 他们靠着自己的双手劳作。
> 以及上帝的眷顾，
> 支撑起了这个大家庭，
> 过上了幸福的生活。
> 抚育了13个孩子，
> 还有7个孙子孙女，
> 还富有名望。
> 由此可知，尊敬的朋友们，
> 请你们要勤恳努力，

并且相信上帝。

约西亚是一个谨慎诚心的男人，

阿比娅是一个善良纯洁的女人。

他们的小儿子，

怀着敬意和孝心立下了这个墓碑。

约西亚·富兰克林1655年出生，1744年去世，享年89岁。

阿比娅·富兰克林1667年出生，1752年去世，享年85岁。

瞧，我絮絮叨叨地说了不少题外话，看来，我真的是老了，原来我写文章的时候可是比现在要有逻辑多了。不过，就像在私人的聚会上，人们的穿衣打扮本来就会比公众舞会随意得多，这应该只是慵懒的借口罢了。

说回正经事吧。我帮助父亲经营了两年的生意，一直到了我12岁的时候。我哥哥约翰① 原来是学习制造皂烛的，这时候已经结了婚，离开我父亲，前往洛特岛定居了。一切情况都证明了，我命中注定是要代替约翰哥哥的位置，去当一个制蜡烛者。可是，我对蜡烛制造业实在没有半点兴趣。为此，我父亲觉得十分担忧。因为他也很清楚，如果他无法尽快替我找到更加合适的工作的话，那么我一定会像他另一个叫作约赛亚的儿子一样，离家出走去做一个航海水手。约赛亚哥哥的做法伤透了父亲的心，因此，父亲经常带着我到处走走逛逛，拜访一些细木匠、砖匠、旋工、铜匠……各种各样的朋友。他希望能通过这样的方法，发现我的兴趣所在，把我定格在这其中的某个职业，只要是在大陆就可以了。

自那时候起，我就总是喜欢看那些能工巧匠使用他们的工具。在观察中，我学到了不少东西，以至于如果家里临时找不到工人的话，我自己也可以勉强顶上，做点小修补的工作。那时候我心里对做实验十分感兴趣，还能为自己的小实验做点像样的小机器。最后，我父亲为我选定了刀具制造业。因为本杰明伯父的儿子萨缪尔在伦敦学的就是刀具制造业，好像那时候他准备到波士顿创业。于是，我被送到了萨缪尔堂哥那里居住，尝试进入这个行业。但是由于萨缪尔堂哥希望在我身上获取相应的学费，我父亲对此感到无比愤

---

① 约翰·富兰克林，是本杰明最爱的哥哥，后来担任波士顿邮政局局长。

怒，因此，我又被带回了家中。

从小，我就特别热衷于阅读，因此，我所有的零用钱都花在了买书上面了。其中，我最迷恋的就是《天路历程》①了。我最初所购买的第一套书就是分装成一小本一小本的班扬作品集，不过后来我卖了它，只为了购买R.伯顿②的《历史文集》。这本《历史文集》来自于一些小书商，价格实惠，一共有四五十本。我父亲也有自己的小图书室，里面放了不少有关神学辩论的书，其中大多我都阅读过。不过我时常感到遗憾，那时候我已经决定不做牧师，而且又对书籍那么迷恋，却始终没能得到合适的书籍阅读。不过，在那里面有一本出自普鲁泰克③的《名人传》，我翻阅了无数次，至今仍记忆犹新。我始终觉得这本书值得我花大量时间去阅读。此外还有笛福的《论计划》、马休博士的《论行善》，这两本书是我思想转变的转折点，甚至在后来对我处理某些事情也产生了至关重要的影响。

因为对书籍的迷恋，我父亲竟决定让我从事印刷业，尽管他的另一个儿子（詹姆斯）也是一名印刷工。1717年，我哥哥詹姆斯④从英国带回了一台印刷机和铅字，准备在波士顿创业。其实，我对印刷业还是挺感兴趣的，至少远比肥皂蜡烛制造业感兴趣得多。可是，我对航海还是念念不忘。为了尽早杜绝我对航海的渴望，避免因这种渴望带来的损害，我父亲急于让我给詹姆斯哥哥做学徒。一开始我有些犹豫不决，但是最终还是被说服了，并签下了师徒协议，那时候，我只有12岁。

协议规定，我必须要服从管理，一直工作到我21岁，而且在协议的最后一年我可以按已出师的职工待遇领取相应的工资。没多久，我就熟练掌握了印刷技术，成了詹姆斯哥哥的左膀右臂。这时候，我也得到了一些阅读好书的机会。因为与一些卖书的学徒相识，我有机会向他们借到一些书。不过，我要很快送还，并保持书面整洁。每次傍晚借书的时候，我都得挑灯夜读，争取第二天一早就还回去，免得被人家发现书籍不见了或者有人要购买。

后来，我们的印刷厂来了一位收藏了很多书的聪明商人——马休·亚当

---

① 英国人班扬的著作。班扬是英国传教士。
② 英国人，本名纳撒尼尔·克劳奇。
③ 罗马帝国时期的希腊作家。
④ 比富兰克林大九岁。

斯先生。他注意到我热衷阅读，就经常请我去他的图书室里做客，也乐于借一些我想要的书给我。这时，我喜欢上了诗歌，还编写了几首小诗歌。我哥哥詹姆斯觉得我写的诗可能在以后会有些许作用，于是便支持我继续创作，并要求我写了两首应景的诗歌。其中，一首是《灯塔的悲剧》，讲述了沃斯雷克船长及其两位千金沉船的故事；另一首是水手之歌，讲述了著名的海盗铁契（或者称为黑胡子①）的传奇故事。这两首诗歌写得很粗糙，采用的都是较为通俗的街头打油诗体裁。当这两首诗被印刷出来以后，詹姆斯哥哥让我带着诗歌上街上兜售，其中一首竟出乎意料地得到了热销。这是由于这两首诗写的都是近期发生的事情，所以吸引了人们的眼球。我的诗歌受到了大家的欢迎和热捧，这让我感到十分自豪。可是，这时候我父亲却向我泼了一盆冷水，他挖苦我的作品，并跟我说，诗人的最终下场都是街边乞讨。这样一来，我再也没有动过成为诗人的念头。想来要是我真的成了诗人，估计也是一个特别糟糕的诗人。不过，散文写作对我来说还是大有裨益的，甚至在它的帮助下，我得到了一定的发展机会。而在这里，我想要说的就是我的写作能力是怎么来的。

再后来，镇上来了一个叫约翰·柯林斯的人。他和我一样热衷阅读，所以，我们两个很快就熟络了起来。我们经常凑到一起进行辩论，而且我们俩都以这样的辩论为乐，总是试图说服对方。但是辩论到了一定程度，我们俩的脾气就会变得越来越差。这里，我顺便说一下关于辩论的缺陷。有时候辩论过程中的情绪变化会对人们产生严重的影响，因为不同的论点不仅容易让交谈陷入僵局，甚至可能导致好朋友间因为辩论而产生矛盾和摩擦，最终变成宿敌。这个观点是我在父亲的宗教辩论书籍中总结出来的经验之谈。据我观察，那些明智的人，除了律师、大学生，还有爱丁堡的那些受过优等教育的人以外，大部分都不会使自己陷入这样的辩论中。

我还记得自己和柯林斯之间的一次激烈辩论，论题是妇女该不该接受优质教育以及妇女有没有从事研究型工作的能力。我无法理解为什么他会站在反方立场。在他看来，妇女没有天赋，根本没有这样的能力。而我的立场恰恰是相反的。当然，不排除当时我有为了辩论而辩论的嫌疑。他是天生的诡

---

① 指的是海盗爱德华·提奇。

辩者，有丰富的词汇量。有时候，我觉得，他之所以能够在辩论上超越我，其实是缘于他流畅的语言表达能力，而非他有多么确凿的论据。

我们的辩论一直持续到我们分别时还没能分出高低。因为即将会有很长一段时间我们没法见面，于是我便坐下来，罗列了自己的论点，整理成信件寄给他。而他在看完以后，也立刻给了回信。一来一往中，我们便在信里进行了辩论。有一次，我的回信被父亲看到了。他虽然没有参与到我们的讨论中，但是他顺便和我讨论了一下我的文章体裁。他说我的文章正文以及标点运用方面比我的对手好很多（当然这归功于我在印刷厂工作），而在措辞还有逻辑性等方面，我远远落后于他。为了让我信服，他还给我举出了好几个实例。说实在的，他的评论很公允，所以，我在这以后更加留心文章风格，力求改进。

大概此时，我意外地收获了一本叫《旁观者》的书的第三册。在此之前，我从未读过这本书，因此，买了以后，我一直反复阅读，爱不释手。在我看来，这本书的描写细腻优美，如果可以的话，我希望自己能模仿里面的风格。为此我还选了几篇论文，简单摘抄句子的思想，然后搁置一旁，几天后在不看原文的基础上，尽量运用自己的词汇量完整地把摘抄的思想表达出来。写完以后，再对着原文，找出自己的错误并订正。

这时，我这才明白自己的词汇量实在少得可怜，总是没办法立刻想起恰当的词进行替换。我觉得如果先前坚持写诗的话，情况可能会好上许多，因为写诗总是要求寻找长短不一的近义词来使用，以符合韵律或者韵脚。这会让我不停地寻找各式各样的近义词，从而有助于我的记忆，进而得到较好的掌握。为此，我还节选了一些故事，进行改写，写成一首首诗。等到时间久了，我忘了原文内容后，又进行还原。

有时候，我也会打乱自己的摘抄本，隔几个星期后，再尽力把它们排列成最佳组合，写成一句句完整的句子，并组织成一篇论文。这能让我把思想更好地组织起来。经过这样的打乱复原再对比的过程，我发现自己的不少不足之处，并加以修正。不过，有时候我也会灵光一闪：在一些不那么重要的地方，我侥幸地对原文的逻辑还有语序进行了调整。这样的灵光一闪使我得到了很大的鼓励，让我有了自信，觉得自己在以后可能还可以成为一个还不错的英文作家。原来我也确曾有过这样的志向。

当然，这些事情占用的是我晚上下班后，以及早上开工前，或是周末节假日的时间。每逢节假日休息期间，我总是绞尽脑汁让自己能在印刷厂里独处，尽力不去参加那些常有的公共祷告会。不过，我父亲总是很严厉地要求我必须参加。虽然我总不去参加祷告会，但是我打心底里还是觉得参加公共祷告会是每个人必须执行的义务，只可惜，我实在没法挤出时间去执行罢了。

大概到了我16岁那年，我意外地又得到了一本特莱恩① 的书，书中推荐了一套素食菜谱，我决定要好好研究一番。我哥哥詹姆斯那时候还没有结婚，没有人主持家务。他经常跟自己的学徒一起在别人家里包伙食。这样一来，我那不沾荤腥的习惯就给他人造成了很大的不便，我还因此受了不少责怪呢。于是我照着特莱恩书中的食谱自己做菜，像土豆焗饭，自制布丁还有其他的几样菜式。然后我就开始跟詹姆斯哥哥商量，要求他每周补偿我一半的伙食费，我就自己负责自己的伙食就行了。他听完立刻就同意了。后来我发现，我可以在他给我的钱里省下一半的钱用来买书。

这样做还有另外一个好处。每次詹姆斯和印刷厂的其他学徒相约去吃饭的时候，我就自己一个人留在厂里。如此一来，我就可以很快地把自己的点心给吃完了，因为我的点心往往只是一块饼或一块面包，一些葡萄干，或是从面包店买来的馅饼。吃完后，一直到哥哥他们回来的那段时间，我就可以用来读书了。可能是一直留心节食，我总觉得自己的头脑很清楚，思维反应也很快，在阅读方面的进步也可见一斑。

之前因为我在某些方面无法熟练掌握数学而丢尽了脸面，在学校的时候，数学考试还有过两次不及格的经历。为此，我通读了一遍考克斯② 的数学书，顺带还读了舍勒以及谢尔美的关于海上航行的书籍，学会了书上所涉及的一些几何方面的知识。不过了除了这些，我就再没对几何有什么更加深入的学习了。差不多这个时候，我阅读了洛克的《人性悟性论》，还有波特·落耶社的成员们所编写的《思考的艺术》③ 。

在我专注于改进我的写作技巧的时候，我注意到了一本英语语法书（我

---

① 托马斯·克莱恩，著有《智慧指令》等。
② 爱德华·考克斯，出版了很多数学著作。
③ 当时极具影响力的逻辑教科书。

觉得上面记录的应该是格林乌①的语法）。这本书的最后附有两篇关于修辞以及逻辑的介绍，最后那一篇里还以苏格拉底式辩论为例子进行讲解。在那以后，我又购买了一本来自色诺芬②的《苏格拉底重要言论》。这本书里面同样也结合了很多实例。这让我十分着迷，还很尽力地去学习和模仿。这个时候，我已经彻底放弃了自己之前在辩论的时候那种简单粗鲁的争执以及负隅顽抗的方法，慢慢地向谦虚、谨慎、富于质疑的人转变。我自从读了沙福特斯伯利③和科林④的书以后，就变成了一个彻头彻尾的质疑者，开始对宗教教义的一些观点持质疑的态度。我突然才发现，这样对我来说是一种保护，它可以避免我在辩论的时候陷入僵局。所以，我越来越热衷于这样的方法，并不断加以实践。这样的练习使我变得更加成熟和老练，总能轻易地使反方辩友陷入僵局里，就算那个辩友很富有学识。他们总是在这样的境地里，无法自拔，我的胜利也就变得理所当然。不过这样的胜利往往不是因为我自己，也不是因为我的论据。在那以后的一段时间里，我采用的都是这种战术。虽然后来我放弃了这个战术，但是，我还是保留了那种提问时谦虚谨慎的习惯。每次我想要提出自己的看法的时候，我都不会再用一些类似于"肯定""毋庸置疑"或者其他的过于肯定的语气，转而是用"我觉得"或者"我猜想某事怎么怎么了""因为这个原因，依我所见，这件事应该是"或者"我脑海里是这个样子的""如果我没有猜错的话，应该是这样的"。我坚持认为这个习惯对我是很有用的，因为我得表达出我的看法，说服人们理解并接受我偶尔提出的各种各样的方法。而且，聊天的目的，就是为了教育人，或是被人家教育，让别人心情愉悦，或者劝服他人，所以，我所希望的就是那些心地纯良的智者，为了不让自己做善事的能力受到影响，切勿带着专政独断、自命不凡的态度。这些态度会让别人觉得厌恶，让他们站到对立面，进而完全打破了语言用来交流想法以及拉近关系的意义。因为如果你的目的就是要教训别人的话，那么说话的时候，那种过分专断自负的态度常常会引来别人的反驳，从而使得讨论没法达到公正的效果。当你想要从别人的知识经验里

---

① 1711年出版了《实用英语语法论》。
② 古希腊历史学家、作家。雅典人，苏格拉底的弟子。
③ 英国哲学家。
④ 自然神论者。

得到一定的指导，让自己得到进步，而同时又坚决地想要抒发自己的见解，那么，那些谦虚的聪明人因为不喜欢争论，就会偏向于不去为你指正错误，这样一来，你还是没能进步。而且，你这样的态度并不容易让那些和你聊天的人感到心情愉悦，也不容易得到别人的支持。

普波说过这样的一段话：

你不应该带着教训的语气去指导别人。
对于那些别人不清楚的事情，
你要抱着"他们应该是忘记了"的态度
善意地提醒他们。

他还对我们有这样的要求：

无论你自己觉得多么的毋庸置疑，
在提出来的时候也要表现得谦虚谨慎。

说到这，其实我认为普波应该用他在别的地方的一句话与上文结成联句，因为我觉得这一行放在这里其实并不是那么合适：

不懂得谦虚的人是愚蠢的。

或许你会无法理解，为什么这句话放在这我会觉得不那么合适。那么我就把他的原话原原本本地说出来吧，这样你或许就理解了：

不懂得谦虚的人是没办法做出好的辩解的，
因为不懂得谦虚的人是愚蠢的。

这么说来的话，愚蠢（的确，愚蠢真是一件不幸的事情）不就恰好为他的不谦虚提供了借口吗？这两行诗如果换成这样的说法，可能会更好一些吧：

不懂得谦虚，只有一个理由可以解释
即——不谦虚就是愚蠢的。

但是，关于这个问题是不是应该这么处理，还希望有智者指导一下。

1720年或者1721年，詹姆斯办的报纸开始首发了。这份名叫《新英格兰报》的报纸是美洲殖民地截至那时的第二份报纸，在它之前发行的那份叫作《波士顿邮报》。我还记得詹姆斯的朋友圈里对于这个项目还是存在着反对的声音的。因为在他们看来，对于美洲殖民地来说，有一份报纸就足够了，没必要再多发行另一份。于是，他们以这样的理由反复劝说我哥哥放弃。不得不说，现如今（即1771年）这个地方已经发行了不止25份报纸了。可是，我哥哥当时还是顶着压力，执行了这个项目。在报纸排版印刷后，他就让我把报纸派送给镇上的各个订户。

我哥哥的一些富有文采的朋友们还在他的报纸上发表了不少小品文来作为消遣，这些文章也大大地提升了报纸的名气，使它获得了热卖。出于这个原因，那些绅士们经常到我们这边做客。在听取了他们的聊天内容和他们对报纸文章的社会名气的评价以后，我的心情也很激动，跃跃欲试地想去投稿。可是，我还只是一个小孩，并且我很担忧的一件事就是，如果詹姆斯哥哥得知报纸上有文章是我笔下写出来的话，他一定会强烈反对那些文章在他所创办的报纸上发表的。最后，我换了一种笔迹，写了一篇没有署名的文章，从印刷厂的门缝塞进去。就像我所猜测的一样，这篇文章发表后就开始在詹姆斯哥哥的聚会上流传开来。我躲在一边偷偷地听着，他们在看了这篇文章后，还进行了认真的点评。让我欣喜的是，那些绅士们居然对我的文章一致好评。他们还纷纷猜测这篇文章的作者是谁，当然，没有一个人猜得对，因为他们所认为的作者都是我们周围那些有学识的文人雅士。这让我觉得无比振奋，以至于现在回忆起来，我还是觉得自己特别走运能得到这些人的点评，尽管可能他们不是我那时候所幻想的多么专业的评委。

在受到好评后，我又继续按照同样的方式匿名投了几篇稿，同样的还是受到了大家的赞赏。我把这件事当成一个秘密保守了起来。这个秘密一直持续到我快耗尽自己的常识时才被揭穿。秘密揭穿后，詹姆斯哥哥的朋友们便开始关注到我，不过，他并不以此为荣，因为在他的观念里，我依靠这些小聪明取得这么小小的荣誉会让我变得自负骄傲。或许就是从这个时候起，我和我哥哥开始出现了分歧。因为我觉得虽然我们是一母同胞，但是，他却一直把自己定位在我的雇主的角色上，真的将我当成一个普通的学徒来看，像对待其他学徒一样严厉苛刻。很多时候，我都觉得他在使唤我的时候，带着老板的优越性，甚至还有对我的轻视。但是，在我的观念里，作为亲生兄弟，他就该更照顾我一些。我还认为他让我做的一些事是对我身份的一种贬低。因为这些原因，我们经常争吵，闹到父亲跟前。我一直都这么想，可能是因为本来我就站在有理有据的一方，又或许是我擅长辩论，父亲总是认定我是对的。可是，也正是因为这个原因，哥哥对我的态度就更加不好了，他甚至经常会对我动手。面对这样的待遇，我感到十分不满。所以我一直寻找机会，可以使我的学徒期得到缩短，毕竟一想到那么长的一段学徒期实在让我打心底里感到厌恶。没想到，没过多久，机会居然真的出现了①。

　　有一次，我们的报纸上面发表了一篇敏感的政治性文章（具体是什么政治问题我已经记不清了）。而就是因为那篇文章，詹姆斯被议长下令逮捕了，受到了相应的处罚，还在监狱里被关了一个月。我猜，一定是因为詹姆斯死活不愿意告知对方那篇文章的作者是谁，所以连累得我也被逮捕。他们对我进行了审问。结果我没能给出一个让人满意的答案，他们也只是对我进行了训诫，然后就释放了我。可能是他们觉得我只是一个学徒，本来就应该为师父保守秘密。

　　虽然，我和哥哥之间不是很和睦，但是我还是很不满他被逮捕。在他蹲监狱期间，我接手打理报纸的大小事宜。我还公开地批判我们的统治者，詹姆斯最喜欢这些文章了。不过这也导致另一些人对我开始有了一定偏见，觉得我就是一个热衷讽刺诽谤的热血年轻人。后来，我哥哥刑满释放了，这时候，州议会又发布了一道奇特的命令——不允许詹姆斯·富兰克林继续负责《新英格兰报》。

　　因为这件事，詹姆斯和他的好友在印刷厂里商讨对策，探讨我们该如何应对这一禁令。有人提议说把报刊的名称改成别的，不过詹姆斯对这个建议持反对态度，他总觉得有更好的办法应对。最终，大家共同决定，那就是用我的名字——本杰明·富兰克林的名义继续出版《新英格兰报》。但是，禁

---

① 我一直认为或许正是由于哥哥这种粗暴强横的做法，才导致我今后对专制极度反感的。

令里还有另外的补充条件——如果报纸由詹姆斯·富兰克林的学徒出版的话，詹姆斯还是得承担责罚。如此一来，大家又得另外想绕开禁令的方法了，而最好的办法就是把我的学徒身份免除了。所以，大家一致建议詹姆斯，把我原有的学徒合同注明退给我，并发布解雇声明，以便人家查起来可以当成证据用。不过，为了使詹姆斯的利益得到保障，我私下还是得重新和哥哥签订协议，保证我继续为他工作，完成自己的学徒工作。当然，这份协议是私底下的。准确地说，这个不算什么好办法，但我们还是决定试一试。就这样，《新英格兰报》以我的名义发行了好一段时间。

  不幸的是，没多久我和哥哥之间又爆发了新的分歧。我猜哥哥一定不敢把那份私底下的协议公开出来，所以我便鼓起勇气趁机为自己争取了自由的权利。当然，我这样趁火打劫的做法是不值一提的。现在回忆起来，那应该是我这一辈子里做的大错事之一吧。但是，詹姆斯的坏脾气使他常对我拳脚相加，我愤怒时就无法顾及当时的举动是否合理了。其实，如果哥哥能改变一下他那暴脾气的话，他为人处世的态度还是值得肯定的。也可能是因为我太不听话，太没有礼貌了。

  当哥哥察觉到我有离职的打算的时候，他就开始用尽一切手段，让我无法在本地的印刷厂立足。他甚至还关照镇上每一家印刷厂的老板，要他们不要雇用我，这让我后来在本地求职时处处碰壁。所以，我决定到纽约去闯一闯。因为纽约跟我们这里的距离不是很远，印刷厂也有不少。那时候的我巴不得离开波士顿，因为当时我在波士顿已经成了统治者的肉中刺了。想到上次州议会对詹姆斯那么简单粗暴的惩戒，我就觉得如果我继续在波士顿逗留的话，很可能会陷入令人厌烦的麻烦里。此外，我的一些涉及宗教问题的不慎重言论让那些宗教主义者俨然把我视为异类了。

  这时候，我离开的想法已经非常强烈了。但是，我父亲这时候偏袒詹姆斯哥哥，如果我公开表示要离开的话，他们一定会用尽一切手段阻止我。这时候我的好友柯林斯帮我出了个好主意。他跟纽约的一位船长打好招呼，约好让我乘船离开。他谎称我是他的一位好朋友，因为让一个轻浮的女孩意外怀孕，并被逼婚，不得不偷偷离开波士顿。于是，我变卖了自己的一些书，凑足了路费，偷偷乘船离开了。因为顺风，所以我仅仅用了三天就到达了离家300英里外的纽约。可是像我这种年纪仅有17岁，身上又没有介绍信，人生地不熟，钱也不多的人，到了纽约真是举步维艰。

在这样残酷的生活现实的打击下，我曾经怀抱着的航海的梦想已然消散了。如果不是这样的话，或许现如今我的梦想还真有可能得以实现呢。不过，我有一门技艺在手，而且也算是一个熟手了。因此，我到当地一个叫老威廉·布莱德福特[①]的人开的印刷厂求职。老威廉是宾夕法尼亚的首位印刷老板，后来因为跟合伙人乔治·凯茨[②]产生了矛盾，就搬到了纽约来了。然而，老威廉表示自己没法雇用我，因为他的生意不好，没有空余的职位给我了。但是，他把我介绍给了他在费城的儿子，因为他儿子的主要助手阿克拉·罗斯去世了。虽然去费城的路程长达100英里，但是，我还是去了。我乘船前往安蒲[③]后，留下自己的行李，以后再从海上运来。

在海上航行时，我们遇到了风暴，船帆被刮烂了，如此一来，我们就没法顺利进入基尔海峡[④]了，相反的，我们到达了一个叫长岛的地方。在这次航行中，有一个醉汉掉到了海里。在他快溺水的时候，我伸手扯住了他的头发，把他救了上来。可能是因为喝了几口海水，所以，他清醒了一些。他从口袋里拿出一本书，托我帮他弄干，然后就沉沉地睡去了。我一接手才发现，原来是我先前爱不释手的班扬的《天路历程》，这是一本荷文版的。这本书比我先前见过的其他语版的印刷都要好上很多，纸质是上等的，还附带着铜版插画。后来，我才了解到，《天路历程》在欧洲被翻译成了不同的版本。我猜，这可能是除《圣经》之外，流传最广的书了吧。

就我所了解的，约翰·班扬是把叙述和对话完美融合的第一人。对于读者来说，这样的表达方式特别有吸引力。因为，读者们总能在生动有趣的地方找到自己的影子，就仿佛身临其境，参与探讨一般。而笛福[⑤]在写《鲁滨逊漂流记》《摩尔·佛兰德斯》《宗教求爱》《家庭教师》等作品的时候，都尽力地学习这样的写法。此外理查逊[⑥]的《帕梅拉》也是仿照了班杨的这

---

① 美洲印刷业早期领军人物。
② 贵格会教派领袖。
③ 位于新泽西。
④ 一条狭窄的海峡，将新泽西与纽约的斯塔滕岛隔开。
⑤ 英国作家，被誉为英国小说和报刊文学之父。
⑥ 于1740年出版了《帕梅拉》，这是北美殖民地出版的首部长篇小说。

种写作风格，当然还有其他人也是这样。

就在我们即将到达长岛的时候，我们才发现那里并没有适合靠岸的地方，因为那边的海滩波涛汹涌，还有不少礁岩。于是，我们当机立断在原地抛锚，船身在距岸边不远的地方摇晃着。这时候岸上有人跑了过来，对我们大喊大叫，同时我们也对他们大喊招手。只是，当时的风浪实在太大了，我们根本无法正常沟通，也无法理解对方的意思。岸边有小船，我们希望他们能划着小船过来接我们。可是，他们或许根本不知道我们在说什么，又或许根本办不到，就离开了。天色渐晚，我们只能等待风浪平息。我和船长极力地平息自己的情绪，希望可以换得一夜小憩。就这样，我们走进了小船舱，待在了那个湿漉漉的荷兰人身边。浪花拍打着船身，有些海水渗进了船舱，所以，没一会，我们也都和那个荷兰人一样湿漉漉的了。那一夜，我们就只好那样躺着，根本无法入眠。不过，第二天风浪就没那么大了，我们拼命想要在夜幕降临前到达安蒲。因为我们在海上漂了30个小时，没有食物，没有饮用水，唯一的饮料就是一瓶恶心的甜酒。而我们又没办法喝外面的咸海水。

到了夜里，我突发高烧，感觉全身无力，就像火在烧一样难受，只好躺在床上休息。还好，我之前在不知道什么书上面了解到可以通过喝冷水来治疗发烧，于是尝试着喝了些凉水。没想到发了半夜的汗以后，我的病居然真的就好了。第二天，我们终于抵达了安蒲。上岸后，我一路向50英里外的柏林顿① 走去。因为有人跟我说，那边有开往费城的船。

整整一天都下着雨，我浑身又湿透了。大概到了中午时分，我觉得累极了，就随便到一个小客栈投宿，住了一夜。这个时候，我已经对自己离家出走这件事心生悔意了。可能是我这副可怜巴巴的模样引起了别人的注意，还有人怀疑我是偷偷溜走的仆人，过来对我盘问了一番。我甚至觉得再这么下去，我可能会无端被逮捕。因此，第二天一大早，我就离开了客栈继续上路。很快，大概在傍晚的时候，我和我的目的地之间的距离就仅剩下最后的8或10英里了。那夜我是在勃朗② 医生的旅馆里投宿的。饭间，勃朗医生主动来和我聊天。在得知我读过书后，他对我的态度就越发的温和了。我们这样友好的关系一

---

① 位于新泽西西部。

② 一名医生，同时也是一名店主。

直维持着，直到他离世。

我猜测，他曾经应该是个游方医生。因为他可以准确地描述英国或者欧洲的每一个国家，每一个城镇。他很聪明，学识也很丰富，只是他属于无神论者。他还曾经跟克顿① 以前改写维吉尔② 的作品一样，恶作剧似的把圣经改成劣质滑稽的体裁。这样一来，《圣经》里面的不少故事都变得荒诞可笑。还好那些东西没有出版，要是出版了的话，不给那些自卑的人造成巨大的打击才怪。

那一夜我就在他的客栈里住下了。可是，等到第二天到了柏林顿，我才郁闷地发现，我错过了开往费城的定期船班。那天是周六，而下一班船要等到下周二。所以，我又开始往回走，寄宿在城里一个卖姜饼的老婆婆家中，我来时路上曾在她这里买过一些在船上吃的姜饼。在得知了我的情况后，她热情地把我留了下来，许诺可以让我住到下班船出发的时候。因为赶路实在太累了，所以我欣然地接受了她的邀请。

在得知我是一个印刷工以后，她便提议让我直接在那边自主创业开一家印刷厂。可是，她不知道的是，开厂子是要资金的。

她热情好客，还请我吃了一顿牛扒饭，而我却只能以一瓶酒作为报酬。我一直以为自己一定得等到周二才能出发了。谁知道，傍晚时分，我在河岸边溜达的时候，看到了一艘开往费城的船，船上的人也愿意捎上我。因为没有风，所以，我们只好不停划桨前进。但到了半夜，我们却还是没能看到费城在哪儿，同行的一部分人就坚决反对再继续前进了，他们极度怀疑我们是划过头了。大家都不知道自己究竟到了什么地方了，只好就近在一个小水湾靠岸。那时候正值十月，夜里寒风阵阵，把我们吹得直哆嗦。我们用木栅栏生火，并在火堆旁边待了一个晚上。那时候，我们中的一个人发现，我们原来在是费城旁边靠北的一个叫作库伯河的地方，只要我们驶出那条河，就可以到达了。大概在周日早晨的八九点的时候，我们总算到达费城了。

我详细地告诉你我这次行程的具体情况，同样的，我也会把自己第一次进城的细节告诉你，这是为了让你能在脑海中把我一开始的那样濒临绝境与

---

① 他根据古罗马诗人维吉尔的著作《埃涅阿斯纪》，写了一部滑稽诗。
② 著有《埃涅阿斯纪》，被誉为罗马最伟大的诗人。

后来名利双收的情况作对比。

  我穿着我的工作装，因为我那些质量好点的衣服还没从海上托运过来。因为路途颠簸，那时候的我邋遢透了，口袋里放满了衬衣以及袜子。在费城，我没有亲朋好友，也不知道该住在哪儿。这一路上，我都没能得到充足的休息，我觉得疲倦无比，而且我真的饿坏了。当时，我全身上下的钱只有1元荷兰币以及大概1先令的铜币。我把铜币当作报酬给了船上的水手们，他们一开始不愿意收下，毕竟我也参与了划船，但是我还是坚持要给他们。现在想起来，估计当时我的心理跟大多数一穷二白的人一样，越是没钱，就越是慷慨，也许就是怕别人觉得他穷酸吧。

第二章

  接下来，我像无头苍蝇一样在大街上乱逛，四下张望。后来，我在市场旁边遇到了一个手上拿着面包的小孩子。很多时候，我都是用一块面包当正餐吃的。我向这个小孩子询问面包在哪里买的之后，就跑到他所说的那间面包店里去，期望能买到一种硬面包。当时，我以为费城跟我们波士顿一样能买到硬面包，谁知道，他们并不制作硬面包。

  我又向他们买一种三便士一只的面包，但他们也说没有。因为当时我没有考虑到或不知道两地货币价值的差异，而费城的物价偏低，而且我也不知道他的铺子里到底有什么面包。我只是想要三便士的随便一种能入口的面包。结果，他居然给了我三个特别大的面包条。这让我大吃一惊，实在是太大了。当然，我还是立刻带着面包离开了。由于口袋里装不下，我只好把两个面包分别夹在腋下，而手上直接拿着另外一根面包条吃着。于是，我在沿着市场街的路上边走边吃，来到了第四街区，路过了李德先生（我未来的岳父大人）的家门口。而当时我未来的妻子就恰好站在大门口，目睹了这一幕，后来她还一直拿这个来取笑我，说我的动作特别搞笑，而实际上也的确的如她所说的滑稽吧。接着，我兜了一圈，继续啃着面包穿过了板栗街还有胡桃街的交接处，然后又绕了一个弯，发现自己又回到了市场港口旁，恰好就是我来时坐的船的附近。我在港口边喝了口河水。因为吞下一条面包条已经很饱了，所以我又把剩下的面包送给了当时和我一同到达而今还在等着继续前进的一位妇女和她的孩子。

  填饱肚子后，我又继续在大街上游荡，这时候，街上有很多穿得很体面的人都在向同一个方向前行。反正闲着也是闲着，我就跟他们一起走，懵懵懂懂地就到了市场边的教友会礼堂。不管怎样，我悄悄地坐在了他们中间。因为长途跋涉，我实在是累坏了，忍不住打起了盹。一直到他们聚会结束，一个好心人才把我叫醒。所以，这个礼堂可以说是我到达费城后，第一个走进去过或睡过觉的屋子了。

离开了礼堂，我再一次到了河边，这一次，我特别留心路上行人的外貌。所以，在遇到一个年轻且帅气的教友会教徒的时候，我主动跟他搭讪，向他询问可以投宿的客栈。那时候，我们的身边恰好立着一块写着"三个水手"的招牌。他跟我说："这就是一间招待外来客人的客栈，但它的声誉不太好。如果你乐意跟着我走一趟的话，我可以带你去一家好一点的客栈。"我点了点头，表示同意，紧接着，我跟着他到了一家位于水街的叫作"弯曲"的客栈。我们在这个客栈饱餐了一顿。饭间，有人像审问犯人一样问了我好几个问题。可能是因为看我年纪轻轻的，服装又是这样的，他们觉得我是一个私逃者。

吃完了午餐，我感到困乏无力，于是连衣服都没脱，就直接睡在了他们给我的床上。直到晚上6点，他们提醒我吃饭，我才起床。吃完饭后，我又早早地上了床，一觉睡到第二天早上。起床后，我尽可能打扮得整齐体面，准备前往安德鲁·布莱德福的印刷厂。在印刷厂里，我遇到了之前在纽约介绍我来的那个老人，即老板的父亲老威廉·布莱德福。因为他是骑着马过来的，所以比我快很多。他将我引荐给了他的儿子。他儿子很热情地请我吃了早餐，但是他又告诉我，他近期刚招了一个人进来，所以，现在没有空位给我。不过，他建议我前往城里一家新开的印刷厂的老板凯摩尔那里，或许我可以在那里找到合适的工作。就算一时间没能找到工作，他也可以让我在他店里借宿，时不时给我一些散工做，贴补生活，直到我找到工作为止。

老威廉说，他可以带着我去见他儿子所说的那个老板。见到了那个老板后，老威廉说："亲爱的伙伴，我带了一个印刷匠，别看他年轻，他可是很有能力的，应该是你所需要的。"

凯摩尔简单地问了我一些相关的问题。并让我操作排字架给他看。简单的面试完了以后，凯摩尔表示，虽然目前没什么工作可以安排给我，但不久后他就可以雇用我。尽管凯摩尔在之前与老威廉从不相识，但是他却把老威廉视作一位善良真挚的朋友，向老威廉透露了现阶段企业的发展情况以及未来的展望。因为不知道老威廉的儿子就是城里另一家印刷厂的老板，凯摩尔放心地透露了自己想要垄断整个费城的印刷业的雄心。很快，在老威廉的试探下，凯摩尔一股脑把自己的全部底细都倒了出来，如他所依仗的势力，开展的方式等等。

我就在一边旁听了他们的对话。很明显，老威廉是一只狡猾的老狐狸，而凯摩尔只是一个缺乏心机的新手。最后老威廉把我留在了凯摩尔那里。而当我把老威廉的真实身份说出来后，凯摩尔表现得极为震惊。

后来我看到，其实凯摩尔的印刷厂里只有那么一台已经旧得不得了的印刷机，以及一副小小的磨损得特别严重的铅制英文字母，而当时他正好就在用这些字母排版着一首追悼阿克拉·罗斯①的悼词。阿克拉·罗斯我在前面说过，他是一个善良且文采洋溢的才子，在费城享有很高的知名度。而且除开诗人这个身份，阿克拉·罗斯还是州议会的书记呢。凯摩尔自己也会写一些诗歌，但是那些诗歌却很拙劣，因为他只是单纯地将自己脑子里的文字直接排成铅字，连起草都没有。他只有两个活字盘，而追悼词很可能要用上所有的铅字，因此没人能够帮得上他。我想办法帮他打理了一下他的印刷机（他根本没有用过这个印刷机，对印刷机的相关知识也一窍不通），让印刷机能够正常运作起来。我承诺，只要他排好悼词，我就帮助把这份悼词印刷出来。接着，我又回到了布莱德福的厂子里。他真的给了我一些散活干，并给我包食宿。几天后，凯摩尔招我去帮他印刷。那时候，他不知道从哪弄来了另外一副铅字，说还有本需要重印的小本子，他给我的任务就是这个。

我发现，无论是凯摩尔还是布莱德福，他们对印刷都是一知半解而已。特别是布莱德福，他的本行根本就不是印刷，而且他的文化水平很有限。而凯摩尔虽然看起来好像有那么点学识，但是，说到底也只是一个排字的熟手罢了，对印刷的专业技巧也是一窍不通。凯摩尔原来是法国先知派②的教徒，他经常效仿牧师们的激烈辩论。不过，后来，他把自己归为了无宗教主义者，但是，有时候，他又似乎信奉世界上的每一个教派。他对于这个世界现阶段的态势根本不清不楚，甚至到后来，我发现他的性格里面有很大一部分的无赖成分。凯摩尔对于我为他工作，却又寄宿在布莱德福家里的事情感到十分不满。但是，事实上，他也就只有那么一间空房子，什么都没有，我根本没法住。后来，他总算帮我在他的房东，也就是前面我所说的李德先生那里谋得了一个住处。那时候，我的行李还有衣服已经海运过来了，我总算能好好地装扮一下自己了。按照李德小姐的说法，我打扮后比先前她在她家门口见

---

① 布莱德福的印刷工，他的儿子后来跟随富兰克林做学徒。

② 1706年由法国传入英国，自称能预知未来，能行奇迹等等。他们宣扬天国即将来临，劝人们实行原始共产主义社会。

到的那个啃着面包的我要整洁体面很多。

我开始和费城里面热爱阅读的少年们结交，晚上结伴玩耍。我凭着勤快和节约的品质，攒了一些积蓄，生活也过得很舒适。我竭尽全力把先前在波士顿的日子抛在脑后。并且，除了好朋友柯林斯以外，我没有告诉波士顿的其他任何人我的联系方式。我还写信跟柯林斯交代了一番，让他不要泄露我的秘密。

不过，后来发生了一点小意外，我又再次回到了波士顿，而且时间比我预计的要提早很多。我有一个住在离费城大概40英里的纽凯苏镇的姐夫——罗伯特·霍尔麦斯[①]，他是一个往返于波士顿和道拉瓦的船长。在听说了我身处费城的消息后，他给我写了一封信。信上说，自从我离开了波士顿以后，我那些在波士顿的亲朋好友们都很思念我，并且他可以担保，那些亲友们都是善意的。同时他也向我保证，只要我愿意回家，我想做什么就做什么。罗伯特姐夫的信写得十分诚恳。我也给他回了信，对他的劝慰表示感谢，同时表明自己离家出走并不是他所想的那样不近情理，而是事出有因。

当时宾夕法尼亚州长威廉·基夫[②]先生就在纽凯苏镇。而我的信到了罗伯特姐夫的手里的时候，州长正好就在他身边。他们谈到了我，州长也看了我的信。

当州长看完信，了解到我的年纪的时候，表示十分震惊。他说，在他看来，我很有才华，也很有前途，应该受到鼓励。况且费城的印刷厂水平那么差，如果我在费城创业的话，一定能收获成功。他表示，只要在他的能力范围内，他可以尽力帮我找一些官方的资源，并且在其他方面上也会尽全力帮助我。当然，这些是等到我回到了波士顿才从罗伯特姐夫口中得知的。某天，我和凯摩尔在窗边一起工作的时候，我们看到了基夫州长和另一位绅士（后来才知道原来是纽凯苏镇的福兰克上校），他们打扮得十分体面，而且直接穿过街巷来到我们的房子这边，接着我们就听见了敲门声。

凯摩尔马上兴高采烈地出门迎接，他以为他们是来看望他的。谁知道，原来州长是来找我的。州长有礼貌地跟我打招呼，还和我说了许多客套话，

---

① 富兰克林的姐姐玛丽的丈夫。
② 于1717年到1726年担任宾夕法尼亚州长。

这就我有点不能适应。此外，州长还提出想和我结交的想法，甚至带着一点嗔怪的语气，怪我到了费城，也不跟他打声招呼。接着，他又邀请我和他一起去附近的酒吧里小酌几杯。据他说，他和福兰克上校本来想去那边品尝那里的优等白葡萄酒的。

我受宠若惊，而凯摩尔却是在一边惊呆了。不过我还是跟着州长还有福兰克上校一起去了那家地处第三街拐弯处的酒吧。州长一边喝着酒，一边劝说我自主创业，还一直跟我强调成功的几率很大。他和福兰克上校都向我承诺，他们会运用自己的关系和威信帮我争取军队和政府的生意。可是，我还是很犹豫，因为我怕我父亲并不同意这件事。而得知我的担忧后，州长直接帮我写了一封推荐信给我的父亲，里面细数了该计划的优越性，并跟我保证一定可以打动我的父亲。

于是，我们就这样决定了，我将带着州长给我的推荐信坐上下一班船回到波士顿。当然，在这期间，我们还是对这项计划进行了保密。我还是照旧在凯摩尔那里工作，而州长还是偶尔来请我一起吃饭。当时，我觉得那是一件相当有面子的事情。而且，他在跟我说话的时候语气也很诚恳，甚至还带着恭维。

大概在1724年4月末，我以去看望朋友的借口向凯摩尔告辞，坐上了开往波士顿的船。当时，我还带着州长写的一封厚厚的推荐信，信上写满了对我的恭维，鼓励我在费城自主创业，一再强调这件事会把我推往成功之路。

我们的船开进海湾时遇上了礁岩，把船底撞穿了。那时候，海浪使劲地拍打着我们的船，我们得不停地把船里的水排干，我也参与了救援。不过大概两周左右的时间后，我们安全地到达了波士顿。这时候，距离我离开的时间已经有7个月之久了，亲朋好友们都没有我的音讯。因为罗伯特姐夫还没有回家，也没有在家书里面提及我，所以我的突然出现给了全家一个大大的惊喜。除了詹姆斯，其余的人都对我表示了热情的欢迎。我到詹姆斯的印刷厂看望他，穿得也很体面，至少比之前在他那做学徒的任何一个时候都要体面。我穿着的是一套全新的时尚西服，手上戴着一块手表，兜里装着5英镑左右的银币。詹姆斯哥哥在看到我的时候表现得特别尴尬，他从头到尾打量了我一番，一言不发，又自顾自工作去了。

厂里的工人不停地向我打听我这段时间去了什么地方以及那里的状况，

还问我喜不喜欢那里。而我呢，就对我所在的地方大加赞美，还告诉他们我在那边的日子过得十分舒适，并一再强调自己还是很想回到那里的。这时候，有一个工人让我给他们讲讲费城所用的钱币，我直接把一大把的银币拿给他们看。因为波士顿所流通的是纸币，所以我所拿出来的银币对于工人们来说是稀奇玩意。接着，我又虚荣地向他们展示了我的手表。最后，我送了他们一块钱，让他们去买点酒喝，就告辞了（那时詹姆斯正黑着脸盯着我）。

　　这次到詹姆斯印刷厂的经历让他十分生气。后来我母亲向他提议跟我和解，表示她希望看到我们两兄弟相亲相爱，共同进步的时候，他果断拒绝了，他说，我去他的工人那边羞辱他，还是以一种他这辈子都不可能遗忘，更不可能原谅的方式。可是，事实上，他误会我了。

　　我的父亲在看到州长的信后感到很惊讶，不过他在这件事上保持了好几天的沉默。直到罗伯特姐夫回来的时候，父亲才给他看了信，并询问他是否了解基夫州长以及他的为人。因为在他的观念里，这个州长居然大力推荐一个还差3岁才成年的孩子去创业，一定是一个不沉稳的人。不过，罗伯特姐夫对于州长的提议也表示大力赞同。可是，我的父亲在这件事上的态度十分明显且坚决：他是不同意的。接着，父亲给基夫州长写了一封措辞委婉的信。信中，他真挚地对州长对我的看重和爱惜表示了感谢，同时又表明无法资助让我去费城创业。他解释道，在他看来，像我这样乳臭未干的小毛孩根本没有足够的经验和能力去管理如此重要的需要巨大投入的经营项目。

　　我孩提时期的挚友柯林斯是在邮局上班的，他在听取了我对自己未来的畅想后也觉得很不错，于是，他也决定和我一起前往费城。不过那时候我还在等待父亲的最终决定，所以柯林斯就先行一步前往罗德岛。他收集了许多关于数学和物理方面的书籍，让我到时候和我自己的书一起带到纽约。他就在那边等我。

　　虽然我父亲不同意基夫州长的提议，但是，他还是觉得很高兴，因为我能在费城得到一个如此有名的人的推荐信，而且信里还满是赞扬。同时他也很欣慰我能这么快在自己认真勤恳的努力下把自己收拾得如此体面。所以，他认为，既然我和詹姆斯不可能和好了，那还不如让我回到费城去。他叮嘱我对待那边的人要谦虚礼貌，努力得到别人的好评，不要去讽刺和诽谤别人，在他看来，我最喜欢做这样的事。他还跟我说，只要我辛勤工作、勤恳节约，或许我可以在 21 岁的时候就可以获得足够的创业资本。如果到那时我的积蓄差不多了的话，他可以帮我补齐余款。在我踏上前往纽约的船的时候，他给了我一些小纪念品以表达父母对孩子的爱意，这已经是我能得到的全部了。同时，我还得到了他们的祝福。

我们船在罗德岛的新码头停泊了，我去拜访了我的哥哥约翰。他已经娶了老婆，并且已经在这边居住了好多年了。他很热情地接待了我，因为他一直很关心我。他的一个叫弗朗斯的朋友就住在宾夕法尼亚，这个人欠了哥哥大概 35 英镑债款，所以哥哥委托我帮他收齐这笔钱，并代为保管，直到哪天他通知我汇给他。为此，他还给了我一张欠条。殊不知，后来这件事竟然给我带来了很大的麻烦。

在新码头，有好几位前往纽约的人上了我们的船，其中有两位结伴而行的年轻女孩子和一位沉着稳重、举止端庄的教友会夫人和她的仆人。我对那位教会夫人十分恭敬，并表示愿意为她提供帮助。那位夫人十分感动，对我也很友善。所以当这位夫人发现我和那两位年轻的小姑娘越走越近的时候，她曾经私底下告诫过我："朋友，我对你感到十分担忧，你看，你身边没有一个朋友，我就知道你涉世未深，对社会上的种种陷阱和危害也认识不深。请你相信我，这两个跟你玩得起劲的年轻姑娘并不是什么正直的人，从她们举止投足间，我就已经看出来了。如果你不听我劝的话，那么她们就一定会设圈套坑害你。你跟她们只是萍水相逢罢了，而我则是站在朋友的角度替你着想，所以才这样一再劝说，你最好还是别跟她们走得太近。"最开始，我并不愿意相信，我觉得这两个年轻姑娘并不像夫人所说的那样坏。但是，在听到夫人所说的她亲眼看到她们背着我做的事情后，我还是选择了相信这位夫人。到了纽约时，那两个年轻的姑娘给了我她们的住址，还盛情邀请我去她们家做客。不过我并没有去。第二天，船长发现自己不见了一把银调羹还有其他的一些东西，这些东西都是在他的船长室里丢的。因为船主知道那两个姑娘是妓女了，所以他申请了一张搜查令，对她们的住处进行了搜查。结果真找着了。她们也受到了惩罚。所以，对我来说，在这趟旅程中最重要的不是避免了触礁出事的危险（毕竟当时我们遇到了不少这样的情况），而是跟那两个姑娘保持了距离。

到了纽约，我找到了柯林斯，他比我早到那边。我们自幼关系就很好，所读的书也基本相同，不过他拥有更充分的时间去阅读去研究。而且他在数学上也表现出了极高的天赋，所以，在这方面，他远远超越了我。在波士顿的时候，我绝大多数的闲暇时间都是跟他黏在一起的。那时候的他勤劳，而且不酗酒，他的文化水平受到了本地的牧师还有其他一些绅士的极大推崇。纵观他之前的经历，他应该算是年轻有为吧。不过，在我离开波士顿以后，他就开始变成一个酒鬼。从他的诉说还有我在别人那边所得到的消息，他到了纽约以后，天天酗酒，而且举止很奇怪，还染上了赌博的恶习，输了不少钱。如此一来，我就必须帮他缴清房租并承担他前往费城所需要的花销。这些问题之后又给我带来了很多麻烦。

那时，纽约州的州长博耐特先生（即博耐特主教的儿子）听船长说有位年轻乘客居然带了好几箱书的时候，就要求船长带着我去见他。我听从了他的要求。我想如果那时候柯林斯不是烂醉如泥的话，我一定会带着他一起过去的。博耐特先生对我的态度很友善，他还带我去参观了他的私人图书馆，我从没想过他的私人图书馆居然那么大。接着，我们就不少图书还有作家进行了深入的探讨。博耐特先生是第二位很赏识我的州长，这是一种莫大的光荣。对于像我这样年轻的穷小子来说，受到赏识是一件令人很愉悦的事情。

我们出发前往费城。在路上，我收到了弗朗斯的还款。如果没有得到这笔钱，相信我们是根本没法顺利到达目的地的。柯林斯想要做一个会计，虽然他带着推荐信，但是，人家在他的一言一行以及呼吸中看出他是一个酒鬼。所以就算他有推荐信，也还是处处碰壁。于是，我们只好住在一起，并且由我承担所有费用。在得知我收到了弗朗斯的还款后，柯林斯就不断向我借钱，还一直保证，只要他找到了工作，就会还我钱。一点一点累积下来，我的那笔还款大部分都落入了他的口袋。因为这个，我觉得很烦躁，一旦约翰哥哥向我讨要这笔钱的话，我不知道该用什么来偿还。

虽然是这样，柯林斯还是总是酗酒，这样一来，我总是会跟他吵架。因为，每次他喝醉了以后，就会变得很不耐烦，脾气也很糟糕。有一次，我和他还有别的几个年轻人一同去德拉瓦那边划船，轮到他划桨的时候，他居然直接拒绝了。他说："应该你们划船把我送回家去。"我听完跟他争辩说："该你做的工作必须由你来完成。"而他却直接耍赖说："你们一定要划船，不然我们就一起在江面待一个晚上，受一晚冷风，你们自己决定吧。"别人已经不想跟他再多说什么了，就劝慰我说，"算了，那就我们划桨吧，这不是什么大问题。"但是，那个时候的我已经因为柯林斯的各种言论举止而大为光火了。因此，我绝不能接受他不划船。他一定要我划船，还扬言，我要是不照做，他就把我丢到河里去。说话间，他居然真的就沿着船舷慢慢向我靠近。等到他来到我面前准备打我的时候，我直接抓住他一条腿，一下子把他掀翻进德拉瓦河里面。我知道柯林斯会游泳，所以并不为他担心。甚至，每次柯林斯游到船旁抓住船边的时候，我们另外的几个人就用力划桨，把船划走，让他没法爬上来。而且连续好几次都是这样，看他游过来，我们就划开，并且询问他是否愿意划船。可是万万想不到的是，柯林斯居然还是一直固执己见，死也不肯划船。后来，我们见他真的游不动了，才把他拉上船。等到黄昏降临时，我们才带着像足了落汤鸡的柯林斯回去。自此，我和他之间有了一层厚厚的隔阂，互不搭理。恰逢那时，有一个往返于西印度洋间的船老板说想要招聘一个家教老师，前往巴比度岛[①] 给一个地主的孩子作辅导。因为船长和柯林斯恰好相识，所以，他把这个机会给了柯林斯，想带他前往那边。这样，柯林斯离开了我，而且离开前还信誓旦旦地承诺会在拿到第一笔钱的时候就还我。可是自此之后，我就再也没有收到柯林斯的音讯了。

动用了弗朗斯的还款是我这辈子犯下的重大错误之一。从这件事情可以看出来，我的父亲说我不够成熟，没有经验，不能独当一面撑起一个企业是对的。不过，基夫州长在看完父亲的回信后却觉得是我的父亲太过杞人忧天了。他是这么跟我父亲说的："世界上千千万万人，千千万万种形态，不是说只有那些上了年纪的人才成熟稳重，事实上，年轻人也可以有这样的品质。"然后基夫州长又转而对我说："看起来你父亲并不愿意帮助你创业，既然如此，那就由我来帮助你吧。你把必须从英国购买的东西列成一张清单交给我，我去买。等到你成功了，你再还我钱就行了。我一定要在这里开一家优秀的印刷厂，并且我觉得你能行。"

他说这些话的时候表情特别真诚认真，我相信他是发自肺腑的。在这之前，我没有把自己打算在费城创业的事情告诉任何人，直到那时，我也还是保守着那个秘密。不过如果有人得知我这么信任基夫州长的话，可能那些对

[①] 当时是英属西印度群岛中的一个岛。

他的脾性很了解的人会劝说我不要太相信他，因为他总是没法实现自己许下的承诺。可是又不是我主动去招惹他的，我哪里会知道他这么一个看似热情的人会是这样子的呢？所以，我还是深深相信，基夫州长是最好的人。

于是，我真的就列了一份清单给他。我估算了一下，大概要花上100英镑左右吧。基夫州长拿到清单以后很高兴，不过他又提议让我亲自去英国采购，因为那样子我可以亲自选铅字，检查各种设备的质量。他还跟我说："这样一来，你就可以在英国认识一些书商，建立自己的交际圈，甚至可以建立生意伙伴的关系。"我转念一想，觉得好像也有道理，就被打动了。见此状况，基夫州长就鼓动我直接乘坐安尼斯号出发。安尼斯号是唯一的一艘在伦敦和费城之间来往的船只。不过距离安尼斯号的最近一次出发还有好几个月，因此，我依旧待在凯摩尔身边工作。此时，我一直为柯林斯在我这借款的事而担忧，每天唯恐约翰通知我去汇款，但是，过了好几年，这件事也一直没有发生。

我好像忘了讲一件事：在我初次自波士顿前往费城的路上，因为风浪太大，船中途停在了布洛岛。此时，乘客们便开始在船上捕鳕鱼，而且战绩不错。那时候，我还是本着戒荤的态度的。在当时，我认同特瑞昂老师的看法，觉得捕鱼是一场没有缘由的谋杀，因为那些鱼在之前并没有伤害我们，而未来也不会这么做，所以我们就不应该杀他们。虽然说起来有理有据，不过，我原先是很喜欢吃鱼的，因此，每次香喷喷的鱼起锅时，我都会纠结很久要坚持原则还是坚持喜好。一直到我突然想起，别人切鱼的时候，经常能看见鱼肚子里有小鱼，心里就冒出了这样一个念头：既然你们都相互食用对方，那我怎么就不可以吃你们呢？于是，我就放开肚子大胆地吃了一顿鳕鱼。后来我也还是会吃鱼，只是有时候会回归一下素食。作为一个能够理性判断的生物原是这样简单，因为，他们总能为了自己想做的事情找到甚至是制造合适的借口。

凯摩尔和我相处融洽，而且彼此也是意趣相投，这建立在他不知道我想要创业的基础上。他依旧是一个虔诚的信徒，而且也喜欢辩论，因此我们之间也经常会进行辩论。

我经常运用自己总结的苏格拉底的手段跟他进行辩论，先是说一些看起来离题远的话来把他引诱进入困境，给他制造各种各样的困难与矛盾。这个手段对他来说是很奏效的,到后来,他变得越来越小心翼翼,小心得让人想笑。他几乎连我最简单的问题都不愿回答了,而且还总得先发问:"这回你想要将我诱导到什么困境里面呢?"无论如何,凯摩尔还是相当佩服我的辩论能力的。那时候,他正准备要建立一个宗教组织,所以总是积极游说我加入。到时候,他就负责宣传部分,而我则负责跟那些反对者们辩论。但是,在他为我讲解他所宣传的教义的时候,我却很快发现,我并不能完全认同这些教义,除非我能在这其中随心所欲地加入一些个人看法。

凯摩尔脸上蓄着一把大胡子,原因竟然是在摩西教条里有这么一个说法:"胡子的四周是不能受损的。"此外,凯摩尔还特别认真地坚守着以星期六作为安息日的惯例。对于凯摩尔来说,这两件事都是重中之重。但是,我对这两件事却都是不敢苟同的。不过在一种情况下,我还是愿意执行这两点的,也就是凯摩尔要同意我的戒荤腥的要求。不过,凯摩尔也表示:"要是这样子,我真的很担忧我能不能撑得住。"我对他保证说其实戒荤腥对身体是有益的。可惜,凯摩尔经常表现出很大的食量。我觉得以后要是看到他半饱状态的样子肯定好玩极了。凯摩尔这时候开出了自己的条件:"我可以试试你说的戒荤腥,但是你得和我搭伙吃饭。"我表示同意。所以,我们搭伙吃了三个月左右的素,饭菜都是隔壁的一位妇人替我们做好后送过来的。我给那位妇人列了一张清单,上面记录了40种菜,并要求她交替煮这些菜。当然,这40道菜里面没有鸡鸭,甚至连鱼都没有。那时候,单单吃蔬菜可以节省下很多开支,这让我感到很值,因为每人每周的花费最多也只是18个便士出头。那时我很苛刻地执行着四旬斋①,无论是从吃斋转到平常饮食,还是从平常饮食转到吃斋,我都能迅速适应。有人规劝我,坚持素食要循序渐进,不能过猛,但我并不认同这一点。

吃素食对我来说是很快乐的,可是对于可怜的凯摩尔来说却是煎熬。他打心底里讨厌这个教条,心心念念的都是美味佳肴。他还特地点了一份烤猪肉来请我和另外两位女士一起进餐,不过因为烤猪肉过早被摆上了桌子,他实在忍不住了,在我们到达之前就吃得一点不剩了。

---

① 也叫大斋节,封斋期一般从"圣灰星期三"(即大斋节第一天)到复活节的四十天。基督徒常把这段时间作为自己戒斋和忏悔的日子。

那段时间里，我和李德小姐坠入了情网。我对她除了爱慕之情，还有敬仰之情。而且，我深深地相信，她对我应该也是如此。不过，由于我就快要前往海外旅行，而且我们的年纪也才18岁出头，所以，她母亲觉得最好的处理办法就是慢慢来。结婚这样的事情应等到我旅行回来再说。等到那时，我就像自己所想的那样已经自主创业了。可能是在李德夫人眼里，我的宏图伟业并不现实。

那个时候，我与三位书迷查理斯·奥斯本、约瑟夫·瓦特逊还有詹姆斯·劳尔夫① 结成了好友。这里面，前两位是费城著名的公证人查理斯·波罗丁先生的助理；而最后一位则是一位商户的助手。瓦特逊是一个聪明且虔诚的年轻人，而另外两位却对宗教信仰比较淡漠。特别是劳尔夫，和柯林斯一样，他们都受到我的影响，而对自己的宗教信仰发生了动摇。为了这样，我也为他背负了许多。奥斯本呢，则聪慧、正义、热情、待人也很直爽、真诚，唯一的缺点就是特别喜欢找文学作品的问题。劳尔夫也很有智慧，而且也很风雅，特别能言善道，我想他恐怕是我见过的最会说话的人了。劳尔夫和奥斯本都热爱诗歌，总喜欢写上一两首。每逢周日，我们四个相约前往斯库基尔海峡附近的小树林里面漫步。在那里，我们四个人轮流朗诵诗歌，并展开讨论。

劳尔夫热衷于研究诗歌，还坚信自己会因此得以致富成名，还说就算是最好的诗人在一开始接触诗歌的时候也势必跟他一样会出现各种各样的缺陷。奥斯本本来是想要劝他放弃的，还跟他说他并不适合做一个诗人，让他不要幻想得太美好，致力于做好自己的业务就好了。在他看来，虽然劳尔夫缺乏资金，但是在经商过程中，依靠他的勤劳以及持之以恒，他很可能得到很好的发展，再经过一定的积累，他就可以自主创业了。我同意时不时写些小诗娱乐一下，调整自己的写作风格，但是，除了这个我就别无他求了。

说到写诗，有人是这么建议的：我们每个人在下次碰面的时候，要带上自己的诗作，方便彼此传阅，也方便接受批评使自己得到提高。由于我们的目的只是在于研究语言还有表达手法，并不涉及虚构以及幻想，所以我们约定改写诗篇的第十八章——关于上帝的诞生。那时候，我们约定时间临近了，

---

① 后来成为一名政论家。

劳尔夫居然是第一个来找我的。他跟我说，他的诗写好了。而我却跟他说，我一直都没有空，并且也没有多少兴趣，所以一点都没写。接着，他给我看了他写的诗，让我进行评价。我看完以后，给了他很高的评价，因为我觉得这首诗真的很好。接着劳尔夫又这么对我说，"不过，奥斯本一直都很嫉妒我，他根本不愿意赞美我的任何一部作品，他只会无休止的批判。他不那么嫉妒你，所以我想请你带着这首诗，假装是你写的，而我则当成是自己没有空写，让我们听一听他的评价。"我对此表示没有异议，就直接抄了一份，假装真的是我写的。

到了约定的时间，瓦特逊读了一下自己的诗，里面有不少优美的句子，不过不足之处也不少；奥斯本也朗诵了他的诗，比瓦特逊的要好上不少；劳尔夫倒是很公正地进行了点评，既说出了不足之处，也不吝表扬里面的优点。当然，劳尔夫自己则是什么都没有上交。我则扭扭捏捏，说着自己没空进行修饰的话。不过他们并不允许我以任何借口推托，于是我只好硬着头皮读完了那首诗，并且还重复了一遍。瓦特逊和奥斯本听完羞愧不已，自动退出竞赛，与大家一起用掌声表示赞许。

不过，劳尔夫则是提出了一些不好的地方，并进行了一点小修正，我也进行了辩解。奥斯本对劳尔夫表示出了不屑，还嘲讽道，"你的批判没能比你的诗好上多少。"劳尔夫对此并不争论。他们两个同行返程时，奥斯本对我所上交的那首诗赞不绝口。按他的说法，他在聚会上所说的赞美之话还是百般克制了的，生怕我觉得他是溜须拍马。

"不过谁能意料到富兰克林居然可以拿出这么优秀的诗作，这么铿锵有力，这么热情如火。他还对原有的诗作进行了升华。他平时是那样不善言语，说话也犹豫不决。我的天啊，但是，这首诗，他真的写得太好了！"

到了下一次碰头的时候，劳尔夫把上次那首诗的事情的真相公布了出来，大家都笑了起来，搞得奥斯本有些难为情。

这次的经历促使劳尔夫坚定地想要成为一个诗人。我竭尽全力地劝说他停止，他却始终不听劝，一直到蒲博说服了他。不过，他最终成长成了一个很优秀的散文作家，这个我后面还会说到。不过，可能我以后没有什么机会讲起另外两位了，所以我得在这儿交代一下：没过几年，瓦特逊就在我怀里去世了。这使我十分难过，因为他是我们几个里最卓越的人了。而奥斯本则前往西印度群岛，并在那边当了律师，据说是名利双收，可是也是年纪轻轻就丧了命。他曾经跟我做过这样一个约定：如果可能的话，先行离世的那位应该进入另一位的梦中，跟那个人说一下自己去世后的情况。可是，他从来都没有在我梦里出现过。

基夫州长似乎特别喜欢跟我交往，常常约我去他家里，还总是很确定地告诉我，我自主创业的事情已经定下来了。他不单单给了我信用证，方便我获得用于购买印刷机器、铅字以及用纸的款项外，还为我撰写了介绍信，把我引荐给他的某些朋友。他跟我说了好几次只要信写好了就让我去拿，可是每次到了那个时候，他又推到了很久以后。就这样，他一直拖延着，直到那艘船也经过了几次延期，快要出发的时候，我又去跟他告别并取信。他的秘书博尔德先生接见了我，他跟我说，基夫州长正在加紧写信呢，可是在安尼斯船出发前，州长还得前往纽凯苏尔。他委托秘书先生向我承诺，他在纽凯苏尔① 一定会办好答应我的事。

尽管劳尔夫已经是有家室并且还有一个孩子的人了，但是，他还是下定决心跟我一同前往。我觉得劳尔夫是打算去建立一个分销处卖点什么东西，以发点小财。不过，后来我才明白，原来劳尔夫和他老婆的关系很僵，所以，他准备趁机留在那，再也不回来了。我跟我的朋友们告别，当然也和李德小姐依依不舍地告了别，并且我们俩一起发了誓。做完了这些事我才上了安尼斯号离开费城。我们在纽凯苏尔滞留了一会，基夫州长正在那里出差。可是，当我到了他下榻的地方的时候，接待我的又是秘书先生。秘书先生对我的态度十分恭敬，他跟我说，基夫州长正在做一份很重要的工作，没法亲自见我，不过他还承诺一定会派人把要给我的信件全都送上船给我。此外他还让秘书先生捎给我一些祝福，希望我能一路平安。于是，我只好又回到船上，我心里有点忐忑，不过即使是到了那个时候，我还是很信任基夫州长。

安德鲁·哈密尔顿② 先生跟我同路，他身边还跟着他的孩子。哈密尔顿是费城最有名气的律师之一。不仅如此，顺路的还有教友会的教徒老板邓恩③、马里兰州的炼铁厂老板阿尼昂以及罗塞尔，一二等舱上坐的都是这些有钱人。

---

① 位于特拉华。
② 被誉为"费城律师"。
③ 商人，后来资助过富兰克林。

所以我和劳尔夫就只好在三等舱里面找了个位置。船上我们一个熟人也没有，在他们看来，我们只不过是茫茫人海里的普通人罢了。不过哈密尔顿先生及他的孩子（名叫詹姆斯[①]，后来居然成了一位州长）到了纽凯苏尔就下了船，回了费城，因为他们面临着一件辩护案子，一位船主以很高的价格请他为自己被扣押船的事情做辩护。在我们的船快要驶离纽凯苏尔的时候，之前跟我认识的福兰克先生上了船，他一直对我颇为看重。如此一来，我和劳尔夫才引起了大家的关注。很多绅士还邀请我们到上等舱坐，我推辞不过，只好搬到上等舱去了。

我猜福兰克先生一定把基夫州长的信件带了过来，因此我前去找船长要回那些属于我的信件，但船长却说全部的信都放在邮件袋里了，现在没法拿到。不过他答应我，到达伦敦后，在我上岸前给我去拿我的信件的时间。这样，我就暂时放心了。我们继续前行，船舱中的旅客都很健谈，并且提供的伙食也很丰盛。此外，哈密尔顿还留下了很多他原本旅行所需要的东西。在这趟旅途中，我和邓恩先生成了很要好的朋友。并且在他有生之年，我们的关系一直都是那么好。不过，站在另一个方面来说，这次航行真的是糟糕透了，因为总遇上糟糕的天气。

[①] 曾经四次担任宾夕法尼亚州州长。

第三章

在我们的船快到伦敦的时候,船长真的兑现承诺,让我去拿我的信件了。但是,我翻了大半天,始终没有看到任何一封注明是要给我的信。没办法,我只好找那些基夫州长的亲笔信。大概有六七封左右,我估计那就基夫州长要给我的了。因为其中有一封是要给皇家印刷厂的巴斯凯特先生的信,还有一封是给文具商人的信,我更加确信这就是要给我的信件了。1724年12月24日,我们到达了伦敦。我先去找了那个文具商人。因为按照路线而言,离我最近的就是他了。可是,当我把基夫州长的信件交给他的时候,他却狐疑地跟我说:"我并不认识这么一个人呀。"等到他打开信以后,就不满地叫嚣道:"原来是列德斯顿[①] 那个家伙啊,我最近听人家说他就是一个大骗子,所以我就已经跟他断绝了一切联系了。因此,我也不想要再看他的信了。"于是,这个文具商人随手把信件塞回给我,头也不回地去跟别的客户交谈了。

我讶异地发现,这些信件居然不是基夫州长写的,回想起从之前到现在发生的所有事情,我开始对基夫州长的诚意产生了怀疑。我把这些事跟我的朋友邓恩先生说了一下。他跟我说,以他对基夫州长的了解,他根本不可能帮任何人写信,每一个熟悉他的人都不会听信他的话。我跟他说州长还给了我信用证,但他却笑了,他说基夫州长根本就没有账款可汇。听了这些话,我对我的未来感到阵阵担忧,而邓恩却提议让我尽量找一份印刷的工作。他是这么说的:"在这边的印刷所工作,你能使自己得到锻炼。等到你回到美洲,想要创业也就容易多了。"

我们两个恰好得知——恰如文具商人所说的——列德斯顿是个十恶不赦的混蛋。他游说李德小姐的父亲跟他签下了师徒协议,导致李德先生损失惨重。看那封信上的内容,似乎有人在策划一起对哈密尔顿很不利的坏事(他们推测哈密尔顿是跟我同行前往英国的),而且这件事似乎还涉及基夫以及

[①] 一个骗子。

列德斯顿。邓恩是哈密尔顿的好友,他觉得理应把这件事告诉哈密尔顿。于是,没过多久哈密尔顿就来到了伦敦。我一方面基于对基夫和列德斯顿的强烈不满,另一方面为了表达对哈密尔顿的善意,我决定去拜访他,并把信件交给他看。他真诚地对我表示了感谢,因为这件事对他来说太重要了。自此,我们结交成为很要好的朋友。事后的一切表明,我们之间的关系帮了我不少忙。

不过,我们要怎么看待一个州长居然那么无耻卑鄙地把一个可怜无辜的小孩子玩弄于股掌之间呢?事实上,他这样做事已经很长时间了。他想要讨好人家,却给不起其他东西,只好给人家以希望。除了这个,他的确是一个很有智慧且通情达理的人,文章写得也很不错。对于人民来说,他是一个不错的州长。不过,他经常不理会除了自己选民以外的人的看法,因为他根本不理会别人对他的告诫。我们有一些很不错的法律就是他起草并在他的任期内得以执行的。

劳尔夫跟我密不可分。我们租住在小不列颠①,每周的租金要3先令6便士。在当时,这个价位已经是我们能承受的极限了。劳尔夫找到了他的一些亲人,不过他们也是一穷二白,根本帮不了什么忙。这时,他把自己留在伦敦的想法说给我听,并告诉我,他本来就没想要再回到费城。他身上没有什么钱,他所能凑到的全部钱都花在了来时的路上。我身上带着15块西班牙币,所以他在找工作时,有时候会跟我借一些钱来解决温饱问题。

他试图进入戏院工作,因为他觉得自己很适合做一个演员。可是威尔克(一个著名的演员,劳尔夫曾经向他求职)却坦诚地劝说他放弃,因为,他不可能在这一条路上获得成功。

接着,他跟一位在圣父街的出版社老板罗伯茨建议,请他出版一份类似于《旁观者》的周报,他提出了一些要求,可是罗伯茨却没有同意。接着,他又极力寻找像作家助理这样的职位,帮助出版家还有法学院的律师们抄抄写写,不过也还是没能找到。

很快,我在帕尔默的印刷厂找到了工作,那时候,它在巴士罗米港很出名。我在那边工作了大概一年左右。我很努力,可是,和劳尔夫一起去剧院等娱

---

① 圣保罗大教堂附近的一条街。

乐场地的花销占了我大部分的工资。我们一起把我的钱花了个精光，于是接下来只能勉强度日了。他似乎已经把自己的妻儿都抛到了脑后，而我也逐渐忘却了和李德小姐的誓约，只是给她写过一封信，说明自己可能没法很快回去。这是我人生里的另一个大错。如果我可以从头来过，我愿意把这个错误改过。其实，是因为我们的花费实在太大了，所以我没法承担我回去的差旅费。

在帕尔默的印刷厂工作的时候，我的任务是排印胡拉斯顿的《自然宗教》①的二版。我觉得他的某些言论并不够凿有力，因此我撰写了一片简短的哲学论文——《论自由和贫困，愉悦与苦难》进行批判。我将那篇文章送给了劳尔夫，另外又印了几份。帕尔默在某次意外阅读后，对这篇文章的某些观点表示十分厌恶，并进行了严肃的批驳。不过，他同时又觉得作为一个年轻人，我能有这样的见解已经很不错了，对我也更加重视了几分。很明显，印发这篇文章是我犯的另一个错误了。

住在小不列颠的时候，我结识了一个叫威尔考克斯的书商，他的书店就开在我们的隔壁。他有不少旧书，因为那时候还没有公众图书馆，我跟他商量好，我出适当的资金（具体金额忘了），然后可以在他那里借阅任何一本书，最后记得归还即可。我觉得这样实在很方便，就尽全力使之发挥最大效用。

不知道怎么的，我的那篇文章居然流传到了外科医生莱昂斯的手里。他写过一篇叫作《人类判断的正确性》的文章，所以我们就此认识了对方。他对我很看重，经常会跟我一同讨论哲学的相关问题。他还领着我前往奇泼赛特街区的一条无名的街道的霍恩斯酒店去，把我引荐给曼特维尔博士②。曼特维尔写过《蜜蜂的寓言》，他总能给大家带来愉悦的心情。他们还成立了一个俱乐部，曼特维尔在里面很受欢迎。接着，莱昂斯又领着我去波特森咖啡厅③，把我引荐给潘柏顿④博士。潘柏顿博士很看好我，还承诺只要有机会就会领着我去拜见鼎鼎有名的伊萨克·牛顿博士。我对伊萨克·牛顿⑤博士十分敬仰，特别希望能有机会见到他。可惜，自始至终我都没能等来这样

---

① 实际上是《自然宗教概述》的第四版。
② 荷兰作家，也是一名医生。
③ 医生们经常在这里聚集。
④ 英国皇家协会会员，牛顿的朋友。
⑤ 英国物理学家，数学家，发现了万有引力定律。

的机会。

　　我从美洲带来了几件好东西，其中我最喜欢的就是石棉制成的布囊，它是得用火来进行清洗的。汉斯·史龙爵士得知后，邀请我去他那位于波罗姆斯博雷广场的家里做客。他将他所收藏的全部珍品都拿给我欣赏，还顺带游说我出售自己的石棉布囊，并开出了一个相当不错的价码。

　　在我的小不列颠的住所里，还有一个年轻姑娘与我们同住，她是专职制作帽子的，不过我觉得她应该在某个寺庙旁有间帽子铺。这个姑娘是受过高等教育的，懂事且活泼，说话幽默有趣。某天晚上，劳尔夫给她念了一下剧本，此后，他们的关系就逐渐亲密起来。她搬到别的地方去的时候，劳尔夫也跟着搬去了。他们同居了好一段日子，可是因为劳尔夫没有收入，而那个姑娘的收入也不足以维持他们以及孩子的花销，所以，劳尔夫决定离开伦敦，去尝试当一名乡村教师。他觉得以他那样卓越的书法和热衷于擅于算计的大脑，做一名老师还是绰绰有余的。特别是如果要他做一名数学或者会计老师，那就更没问题了。但是，在劳尔夫看来，老师的职业实在是太卑贱了，毕竟他总觉得自己是会有大出息的。于是为了不让人家知道他做过老师，他就改了自己的名字，冒用我本杰明·富兰克林的名字。没过多久，我收到了劳尔夫的来信，他跟我说，他就住在一个小乡村里（我猜测是伯克郡）。在那里他是那边 10~12 个孩子的书法及阅读老师，每周的薪水是 6 便士。他嘱托我帮忙照顾他的老婆，还希望我能多给他写写信，还要注明是给富兰克林老师的。

　　他坚持着给我写了很多信，还附带了一首他刚刚创作的长长的诗歌，请我进行点评和修改。我按照他的话做了，同时也劝说他不要再继续写下去了。那时候，扬正好出版了一首《讽刺诗》，我抄了不少寄给他，诗中无情地批判了那些愚蠢的人一味追求诗歌的行为。可是，我做的这些都没有收到任何成效，劳尔夫还是会给我寄诗过来。同时，他的老婆因为他的缘故，丢了工作，也跟亲朋好友断了来往，日子过得特别凄凉，时不时还得找我接济她。我因为同情她，所以也不吝帮助。久而久之，我居然喜欢上了和她相处的时光，可耻地对她产生了不恰当的想法，甚至还想以自己对她的重要性和自己无宗教主义的借口试图占有她（这又是我犯的错误之一）。当然，对于我这样的行为，劳尔夫的老婆表示了愤怒和反抗，还把这一切告诉了劳尔夫。劳尔夫从乡下赶回来后，将我臭骂一顿，并且从此与我断交。他声明，已经不再承认我对他的恩情。

我知道，这时候再让他偿还欠我的债务是完全不可能的了，而且他也没有经济能力偿还。我对于失去这段友谊没有一丝遗憾，甚至还觉得这样我反而轻松了很多。此时，我已经开始存钱了。为了得到更好的发展空间，我从帕尔默那里辞了职，来到了位于林肯社团旁的瓦茨印刷厂里工作。瓦茨印刷厂更大更有名，我在那里一直工作到我离开伦敦为止。

刚到瓦茨印刷厂的时候，我负责印刷，因为我觉得自己缺乏运动，所以要求被安排到一个需要付出大量体力的岗位上工作。在美洲的时候，我时常参与体力活动，因为美洲的印刷厂里排字以及印刷是不分家的。我通常情况下只喝水，而其余的50个左右的工人都是酒鬼。偶尔我能够左右手各拿一块排字版上楼，而其他人只能两只手搬一块，这在他们看来是那样难以置信。他们总是说，那个"只喝水的美洲人"（他们是这么叫我的）的体力居然比其他喝啤酒的人好上那么多。

那时候有一个啤酒店的小伙计，是专门负责给那些工人送酒的。跟我用同一台印刷机的一个工人每日的早餐必饮一品脱① 啤酒，配着面包和甜饼吃。在午餐前早餐后的某个时间，又会喝一品脱，午餐也必备一品脱，傍晚6点左右还要一品脱，结束工作时，又得喝一品脱。我觉得这并不是什么好习惯。可是在他看来，一定要饮酒，只有这样才能有力气干活。

我想尽一切方法使他相信，啤酒所带来的力气是跟酿酒时所用的稻谷或者面粉成比例的。在差不多1便士的面包里的面粉会比一夸尔啤酒更多。所以，要是他吃1便士的面包加上一品脱的水会得到比喝一夸尔啤酒更多的体力。不过，他还是坚持喝他的酒。每周六晚，他都要花4~5先令去买酒喝，这恰恰就是我所不需要花的。如此一来，这群可怜的人们就只能让自己永远地活在社会的最底部。

过了几周，我被瓦茨调到排字部去工作，离开了印刷部。不过，排字部的同事们却要求我再次上缴大概5先令的酒钱。我觉得这简直就是一种变相的勒索，因为之前在印刷部我已经上缴过了。而且老板也觉得这样不妥，就不让我上缴。可是我只坚持了2~3周就放弃了，因为我就像一个被驱逐的黑

---

① 是容量单位，大多在英国、美国及爱尔兰用。

户一样，他们暗地里给我下了不少绊子，例如，如果我走开一小会，他们就会把我的铅字搞乱，弄乱我的页码，甚至还打破我的排版，还推脱说是印刷厂的妖怪做的。他们还跟我说，这些妖怪总喜欢玩弄那些不服从规矩不缴纳酒钱的人。虽然老板是帮着我的，可是，这些恶作剧数不胜数，没办法，我只好上交了钱。因为在我看来，和经常见面的人的关系搞得一团糟是一件很傻的事情。

后来，我和他们的关系越来越融洽，没过多久，我还在他们中间树立了一定的威信。我建议他们适当改变一下他们教堂[①]中的一些规矩，并且以绝对优势得到了认同。在我举出实例证明后，他们间有不少人不再以啤酒、包子、甜饼为早餐，因为他们发现，如果跟着我做的话，他们能在旁边的一家餐厅吃到一碗冒着热气的稀粥，上面还有胡椒粉、面包屑以及一些牛油。而这一切的花费不过是一个半便士，只相当于一品脱的啤酒。这样的早餐搭配又不贵，且让人满足。没有了酒，他们的脑袋也就清醒多了。当然，还有一部分人不肯听劝，还是天天喝很多的酒，最终导致一穷二白，连餐厅都不给他们赊账了。实在走投无路了，他们只好跟我借钱来买酒喝。如他们所说，他们的命运之火已经慢慢地熄灭了。到了周六晚上，我跟他们一对账本才发现，原来数目是那样的惊人，有的时候，一周下来，足足有30先令呢。这让我渐渐在这个小圈子里有了一定的影响力。况且我还善于幽默讽刺，这让我越发受到大家的推崇。我几乎能做到全勤（毕竟我不愿意在周日玩疯了而导致周一请假），老板在知道了这些事情以后，越发喜欢我。再加上我是排字的熟手，所以他总安排我做一些急单，这些急单的价格明显更高。所以这一时期我过得很是舒心。

因为工作地和小不列颠的住所的距离实在太远，所以我搬到了天主教堂对面的公爵街的一家意大利仓库后面的三楼。那是一个寡妇的房子，她的女儿还有女佣及一个看仓库的职工帮她照看这处房子，而她自己则在外面居住。她派人到小不列颠那边了解了一下我的人品之后，愿意以我原先支付的房租将房子租给我，即每周3先令6便士。她自己说是，因为她觉得如果有个男人住在这，可以使她们获得被保护的感觉，所以才为我降低了租金。这个寡妇岁数已经很大了。她的父亲是一位牧师。她自幼信奉新教，但是自从嫁人

---

① 工人们总把印刷厂称为"教堂"。——作者原注

后，就跟着改信了天主教，并且一直都很敬爱她的丈夫。过去她经常与一些有名的人来往，因此掌握了不少惊人的趣事。如果按照时间排列的话，她所知道的事情甚至可以溯源到查理二世时期①。这个寡妇患有风湿病，两只腿脚都不好，可以说是跛了。她出入不方便，因此很寂寞，总希望有人能陪伴她。

她说话十分风趣，所以她找我聊天时我都可以跟她聊上一个晚上。我们的晚餐经常都是一人半条鳕鱼，一小块面包，一点黄牛油，再共享半品脱麦酒。和她谈话真让人欢欣不已。因为我的作息时间很固定，总是早睡早起，所以，她们总不愿我离开。以至于，当我为了存钱提出要搬到印刷厂附近一家每周只要2先令的房子居住时，她们热切地挽留了我，还答应为我减掉2先令的租金。如此一来，我就留了下来，一直到离开伦敦。这么算来，我的房租只要1先令6便士。

在寡妇房子的阁楼上还住着一个大概70多岁的老女人，她看起来就像一个隐士。这个寡妇跟我讲过不少关于这位老女人的事迹，她说这个老女人是天主教的信徒，年少时曾多次被派遣到外国去，居住在修女院，还发誓要成为修女，可是，由于她水土不服，只好回到英国。然而，英国并没有修女院，无奈，她只好直面现实，极力修行，能做多少是多少。为此，她还把自己的所有积蓄都拿了出来做捐献，自己每年只留下12英镑生活费。不仅如此，她还把这12英镑的大部分用来接济别人，而自己只喝稀粥，除了煮粥，她家里基本都没有开过火。她在阁楼里已经住了很久了。她楼下的每一任天主教房东都同意让她免费居住，因为在他们看来，她住在那代表了一种福气。有牧师还每天都去听她忏悔。

这个寡妇感慨地对我说，"我问过她，为什么像她这样，还需要忏悔呢？而她给我的回答是，没有人不存在胡思乱想的。"

有一次，她同意了我的拜访。她表现得很愉悦，有教养，跟她聊天真的很快乐。她的屋子里很干净，除了一张垫子、一张放着十字架、一本书的桌子、一张凳子和一副挂在烟囱旁的圣·弗朗尼卡展示图片以外，什么家具都没有了。那幅展示图片里画的是流着血的基督，她还特别认真地跟我讲解了这幅图片。她的脸色苍白无力，身体却一直很健康。我把她当成了另一个例子，

---

① Charles II，1630年5月29日至1685年2月6日，在位期间被称为王政复辟时期。

来说明多薄弱的资金也可以保证一个人的生命以及健康。

在瓦茨的印刷厂，我跟聪明的华盖特相识了。他的一些亲戚很有钱，所以他相对于不少印刷匠来说，都要有教养得多。他的拉丁文讲得不错，法语也会一些，也同样喜欢阅读。我指导他和他的朋友游泳，不过下水两次，他们就已经能很好地游泳了。他们将我引荐给一些乡下来的绅士，我们还一起乘船前往夏尔西去参观学校以及沙特罗先生的精品珍藏。在回来的路上，华盖特说起我很会游泳，这让大家十分好奇。所以，我答应了的大家的要求，脱掉衣服，跳到河里，从夏尔西游到了伯莱克佛利亚，并且在游泳过程中还加入了不少新花样。他们从来都没见过如此新奇的游泳方式，所以感到十分惊喜。

我在小时候就特别喜欢游泳，研究以及训练过全部特弗诺特①的动作和姿势，还不断地加入自己的创新点，目的在于不仅要实用还要简单并富有观赏性。我趁机把我所会的全部技巧都表演了出来，在他们的吹捧下，我整个人都快飘起来了。

华盖特立志要成为一名游泳能手，由于所学的很相近，所以我们的关系越来越好。后来他还提议跟我一起去全欧洲行，顺便做点与印刷相关的工作赚点钱过活。我那时候对这个提议表示赞同，可是当我跟好友邓恩先生提起这件事的时候（我闲暇时间都和他在待在一起的），他却劝我应该冷静一下，并让我多想想费城。此时，他正打算回去呢。

我不得不跟你说一说关于邓恩这位好心人的一件小事。他最开始在布里斯托尔经商，后来破了产，债台高筑，私下协商了结之后，他来到了美洲。在美洲，他一心扑在生意上，没几年就积攒了很多财富。他跟我是一起到达英国的，到达以后他邀请以前的债主们一起吃饭，以感谢他们对他的宽限。那时候，那些债主们以为只是普通的宴请，可是在每人上第二道菜的时候，才发现有一张银行支票压在他们的碟子下，支票上不仅是那些尚未还清的债款，还有相应的利息。

邓恩跟我说他正想回费城，还要托运不少货品，准备在费城开店。他提议让我帮他管理账簿，他会教我怎么记账，同时帮他抄信兼看店。他还承诺，

---

① 法国人弗诺特写的《游泳的艺术》。

只要我熟悉业务以后，就会给我升职，派我送一船面粉还有面包去西印度群岛，并且接受我在别的地方取得一定的提成。而且只要我做得好，就可以凭此发家致富。这些承诺让我开心极了，因为我慢慢地厌倦了伦敦。我心情很好的时候就会想起住在宾夕法尼亚的那些愉快的日子，而且我也希望能够再次回到那里，因此我马上同意了这份50镑宾夕法尼亚钱的年薪的工作。尽管这个相对于我如今做排字所得到的工资的确少了不少，但是我却能感受到希望的力量。

于是我辞别了瓦茨的印刷厂，当时我想也许这次离开后，永远都不会回来了。每天我做着一份崭新的工作，和邓恩先生一起出现在商人们的交际圈之中，买各种货品，看管工人的包装、运输等。等到所有商品装上船后，我能有几日闲暇。然而，就在这样休假中的某一天，忽然有位显要人物招呼我过去。对于此人，我所能掌握的信息只是他的名字——威廉·温德姆爵士[①]。我去见了他。他不知道从何得知我由夏尔西游到伯莱克佛利亚，并且在几个小时内教会了华盖特以及另一位年轻人游泳的事。他有两个男孩，这两个孩子准备出门旅游。他的想法是先让这两个孩子学会游泳。假如我愿意教他们，他就会给我很多酬金。不过，那两个孩子目前都不在伦敦，而我在这边还能待上多久也是个未知数，所以我没有接下这个工作。不过经过了这件事情，我想到，假设我待在伦敦，办一个游泳班，可能也能累积下不少财富。这个想法让我大受鼓舞，如果这个建议能提早被我知晓的话，或许我就没那么早回这边来了。几年以后，我和威廉·温德姆爵士的一个儿子，那这时候他已经是埃格雷蒙地区的伯爵了，有过至关重要的交往，这个等时机合适再说吧。

我在伦敦大概住了有18个月。很多时候，我都工作得很累，除了看戏以及阅读，我留给自己的时间很少。劳尔夫严重地拖累了我，他跟我借了差不多27英镑，这笔欠款我不可能再要回来了。可是对于我那么一丁点工资来说，这却是一个很大的数字！我很喜欢他，无论如何，因为他的不少品质还是很好很可爱的。我尽管没能赚多少钱，但是却在伦敦结识了不少聪明的朋友，从他们的聊天里汲取益处。同时，我还读了不少书籍。

---

① 时任英国财政大臣。

第四章

我们于 1726 年 7 月 23 日从克莱武森出发。关于本次行程的具体事项，你可以通过我的笔记了解到，我在那里面很详细地记录了。那本笔记最重要的应该是写在里面的一个计划，那是我在船上写下的，是关于我未来日子里的行动的一些规划。最难能可贵的是，我如此年轻就写下了那样的规划，并且一直坚持到老。

我们于 10 月 11 日到达了费城，登陆后，我发现了不少变化。基夫先生已经从他的州长的位置上退了下来，新上任的是戈登① 少校。我碰见基夫的时候，他正如同一个普通市民一样在路上走着。他看到我仿佛有点不好意思，就一言不发地跟我擦肩而过。而李德小姐由于看了我的信，对我的回归不再抱希望，才听取了亲朋的劝说嫁给了陶工罗杰斯。这件事发生在我不在的时候。不管怎样，她婚后就一直很不开心，没多久就离婚了。她不和他一起生活、也不跟他姓。听说，罗杰斯现在已经另娶了。罗杰斯根本是个糟糕透了的人，尽管有一门好手艺，这就是吸引她的亲友帮忙牵红线的原因了。后来他负了债，于 1727 年或 1728 年时出逃去了西印度，最后就死在那里。凯摩尔把自己的印刷厂进行扩建，还在厂里开设了文具部，置办了不少新活字版，多了几个工人。尽管没有几个熟手，但是生意似乎还不错。

邓恩先生的店在水街开张了，我们将货物全都摆了出来。我很认真地对待店里的大小事务，学着记账，不久就已经很精通经商了。我们一起食宿，他对我就像对待自己的孩子一样，嘘寒问暖，我也很尊重他，爱戴他。本来我们很快乐地合作下去的，可是 1727 年 2 月初，也就是我 21 岁那年，我们两个都病倒了。我得了胸膜炎，这个病差点夺去了我的生命。我蒙受了巨大的痛苦，没有了活下去的勇气，等到身体快好了的时候，我却感到有点失落和惋惜，因为我想到将来还得再经受一次死亡的痛苦。我忘了邓恩先生得了

---

① 任期为 1726 年到 1736 年。

什么病，总之，病了很长时间后，他最终还是死了。他在口头遗嘱里留了一些遗产给我，表达对我的慈爱与关心。我不得不又一次面临失业，因为该店由他的继承人接手了，所以我们之间的劳务合同也就结束了。

霍尔麦斯姐夫那时候恰好在费城，就劝我重干老本行。同时凯摩尔也劝诱我，许下了一份很高的年薪，让我帮他管理他的印刷厂，如此一来他就能够更好地看管文具店了。在伦敦的时候，我从他的老婆以及他老婆的朋友那里得知他人品不好，所以不管怎样都很抗拒和他再次合作。我本来是想当一个商店雇员的，可是想找到工作并不简单，所以只好再次和凯摩尔签订劳动合同。我在他的印刷厂里，我结识了下面几个同事：

30岁的休·梅莱笛斯是宾夕法尼亚的威尔士人，之前在乡下工作。他为人诚实且富有见识，有经验，热衷阅读，不过却嗜酒；

21岁的斯蒂芬·波茨是一个农村出来的青年，原先也是在乡下工作，是一个极具天赋的少年。他聪明、有趣，不过有点懒。

他们两个是凯摩尔用每周特别低的工资雇的。如果他们工作有所长进，每三个月就再额外提高1先令的工资。凯摩尔就是用这样加薪的方式来吸引他们的。梅莱笛斯负责印刷，波茨负责装订。根据合同，凯摩尔会把技术教给他们，尽管他自己也是一窍不通。

约翰是个粗鲁的爱尔兰人，不善于做任何事情。他签下了四年的劳务合同，是凯摩尔从一位船老板那儿聘请过来的，他想把他改造成一名印刷工；

乔治·韦布是一名牛津大学的学生，同样签了四年的合同，工资跟约翰一样，凯摩尔想让他做排字工。与乔治相关的事一会儿将会为你讲述；

厂里还有一个乡下的孩子，叫作大卫·哈里。凯摩尔将他当作一名小学徒。

我很快就反应过来，凯摩尔之所以愿意出远高于平常的价格来雇用我，其实是为了让我给他培训新手。等到我把那些跟他签了长时间契约的工人教会了，我也就没有利用价值了。不管怎么说，我还是很乐意继续这份工作，很乐于见到一个混乱无比的工厂在我的治理下越来越有条不紊。我还慢慢地教导他的工人们学会专心致志地工作，而且做得不错。

说来也奇怪，乔治·韦布作为牛津大学的学生，居然沦落到这样的地步——不得不卖身换得工作。年仅18岁的他跟我讲述了他的遭遇：他出生在格洛斯特，并就读于那边的学校。因为他有十分高超的演技，所以广受同学们的关注。他曾参与过当地的"维特"俱乐部，在格洛斯特的报纸上发表过好几篇散文和诗歌。后来他被送往牛津大学读书，他在那里住了差不多一年的时间。但是这并不能让他满意，他还想去伦敦转转。他立志要做一个演员。最终，他拿到每季度大概15几尼[①]的补助金后，并没有用于还清债务，而是离开了牛津。他把自己的大学礼服藏在一处金雀花丛里面，然后自己一个人悄悄跑到了伦敦。到了伦敦，因为身边没有亲友的劝导，他误入歧途，结识了一些坏人，没多久就把钱挥霍光了。他又没能踏入演艺圈，生活越来越窘迫，当了衣服，连面包也没得吃。当他饿着肚子在街上游荡，对这一切不知所措的时候，竟然接到了一个人贩子的传单，上面写着一些煽动别人去美洲干活的信息。他把合同签了之后，马上被人用船运送到了美洲。这就是为什么他如今会在这里卖身工作的原因了。自打离家以后，他并没有给自己的亲友任何音信。他开朗、聪明、极具天赋，是个乐天派，但也懒散、轻佻、特别不认真。

约翰没多久后就逃走了，而我和剩下的人相处融洽，因为他们发现凯摩尔并不能教他们什么，而我每天都能带给他们新的知识，他们相对更敬重我一些。我们每逢周六停工，因为那是凯摩尔的安息日，于是我就多了两天闲暇时间用来阅读。我在城里认识了很多有发明才能的人。凯摩尔对我也是彬彬有礼，在这期间并没有什么让我心情不好的事情发生。只是我还没有能力偿还欠弗朗斯那笔债务，因为截止到那时我还是不善于理财。但无论如何，他还是对饱含爱意，一次都没有提过那笔钱。

我们的印刷厂里经常会出现铅字短缺的现象，美洲又没有会制作铅字的人。在伦敦我曾在詹姆斯[②]的店里中看过有人制作铅字，不过也没有留意观察。但无论如何，我还是准备自己制作，参照现有铅字，做出模具，来制作新的铅字。就这样，我居然还勉勉强强地把全部短缺的铅字都做了出来。我偶尔也会雕刻铜版，还做过油墨，甚至顺带还打理了仓库，总而言之，我就像一个打杂的一样。

可是无论我工作多么认真，眼看着其他工人技术越来越好，我发现自己

---

① 几尼：旧英镑，1几尼等于20先令。
② 指的是托马斯·詹姆斯，他拥有伦敦最大的铅字铸造厂。

的地位越来越不重要了。凯摩尔在结算第二季工资的时候，还直接表明，要减少我的工资，以减轻他的负担。而且他对我的态度也越来越糟糕了，总是端出一副老板的架子，对我挑三拣四，无事生非，就像随时会跟我断绝关系。但是我还是尽力坚持了下来，因为我，觉得他是因为债台高筑才这样的。终于，我们还是因为一件小事决裂了。那天我突然听见附近法院旁的街道上有人大吵大闹，于是从窗户中探出脑袋一看究竟。凯摩尔正好在路上，他看到我伸出头来，就生气地对我嚷嚷，让我少管闲事，看着点手上的工作，言语间还夹杂着一些粗口。他在大街上这样公然责骂我，让我很生气，当时看热闹的住户们可以证明这一切。他还马上跑到印刷厂的楼上来骂我，于是我们吵了起来。他按照我们的约定提前三个月下发解雇通知。同时，他又抱怨这样长的预先通知时间。我跟他说我立刻就可以卷铺盖走人，他不必这么烦恼。然后我就拿了帽子直接往外走。在下楼的时候我遇见了梅莱笛斯，我嘱托他帮我看着我的物品，让他将它们送到我家里来。

　　黄昏时分，梅莱笛斯按照约定来到了我的住所。再次说起我的事的时候，他很关心我，还表示如果我走了，他也待不下去了。我本来想返回故乡的，可是他劝我别这么急着回去。他告诉我凯摩尔由于债台高筑，就将全部东西抵押了，他的债主们心里也很不安。他的厂子发展并不好，为了有周转资金，他总是原价出售他的商品，并且总是不记账把货物以赊账的方式卖出去，这样下去他一定会破产的，如此一来，我们就有空子可以钻了。我表示自己没有资本，他却跟我说，他和他父亲聊了几次后，他父亲对我很有好感。他表示如果我们合作的话，他可以出资金创业。他是这么说的："到了春天，我和凯摩尔的合同就到期了，届时我们就能去伦敦采购印刷机以及铅字。我知道我是个不称职的工人，所以，只要你肯，那么我出钱，你出力，赚到的钱就平分好了。"

　　这个建议还不错，我就很高兴地答应了。当时梅莱笛斯的父亲当时正好在城里，他也表示没有异议。特别是发现我能给他儿子带来很大的影响，还帮助过他儿子戒酒，所以他期待着在我们合作的过程中，他儿子可以改掉全部恶习。我给了他的父亲一张货物清单，让他找人帮忙买一下那些必要的东西，并且在还没有落实之前不能透露一点风声。在那段时间里，我本来想去应聘别的印刷厂的，可是他们都满员了，于是我就休息了几天。那个时候，凯摩尔因为希望承接新泽西的纸币印刷业务，需要只有我才能做的雕版和铅字，再加上他担心布雷福德会雇我接手这份工作，抢了这单生意。于是，他捎给我一份谦恭有礼的口信，请求我回去，还说不要因为小事而伤了感情。梅莱笛斯劝说我回去，说是只有在我的日常指导下才能真正教会他那些技术工作，因此我选择了回去。我和凯摩尔的相处比以前好了一些。新泽西的这项业务接了下来，而我则精心设计了一台铜版印制机，这在美洲尚属首例。我还刻制了一些钞票的花纹以及字码等。我跟着凯摩尔前往柏林顿去，在那边我完美地把工作做好了，帮他挣了不少钱，足以确保他短期内不会破产了。

在柏林顿我结识了当地不少显要人物。其中几个是来自议会的监印委员会的官员，他们是来监视印钞数量的。他们几个轮流和我住在一块，并且总带有几个朋友。我书读得多，比起凯摩尔要有见识得多，我认为正因如此，他们才更乐于和我聊天。他们邀我到他们家中，介绍他们的朋友给我认识，对我也很客气。那时，虽然凯摩尔是老板，但是他们却对他不冷不热。其实他是一个古怪的家伙，不晓得融入集体，总反驳得到共识的事情，而且又邋遢，疯狂热衷于某几点宗教教义，还有几分痞气。

我们在柏林顿呆了大概三个月，这段时间我认识的人里跟我能称得上朋友的有下面的几个人：

审判官艾伦、州秘书长塞缪尔·巴斯蒂尔、州议员约瑟夫·库柏以及几个姓史密斯的人，还有测量局长艾萨克·德科。艾萨克·德科是个聪明智慧的老人，他跟我说他年轻时帮烧砖匠打下手负责搬泥，长大后才学着写文章，后来帮测量员拿测量尺，他们教会了他怎样去测量。因为他的勤劳刻苦，他现在已经拥有了一份很好的产业了。他说："我可以预见，你将来一定能在印刷业内取代凯摩尔，闯出一片天地，并在费城发家致富。"那时他并不知道我正想着在这儿或其他地方创业。后来，这些朋友给了我很大支持，而我也时不时也能帮到他们一点小忙。他们一直都对我保持着足够的尊重。

在讲起我的创业史之前，我最好先跟我讲讲我那时候的道德伦理观，如此一来，你就可以知道它们在我的未来中占据着多么重要的地位了。早在很久之前，我的父母就用他们的宗教信仰影响了我，他们在我年幼的我的心里埋下了新教的观念。幼年时，我在各式各样的书上看到一些对教义的辩驳，进而对他们有了质疑。而当我15岁的时候，我甚至开始对《圣经》有所怀疑了。我还接触到了一些反自然宗教的书，听说波义耳① 牧师的不少言论都来源于那些书。但是，那些书对我的影响却与它的原意相反。因为那里面引用了自然宗教的理论来反驳自然宗教。而在我看来，那些反驳实在是太薄弱了。不管怎么说，没多久，我就彻底变为了自然宗教者了。我的观点会误导一些人，特别是柯林斯和劳尔夫，不过他们并没有怪我。只是我心里一直有个疙瘩，想起基夫对我做的事（他是另一个宗教上的自由观念者）以及我对于弗朗斯和李德小姐做的事，我总会于心不安。我开始对自然宗教的教义产生了怀疑，觉得他们可能是正确的，不过不实用。我在伦敦写的小本子（于1725年印发）的题词是德莱顿的诗：

只要存在就有其合理性。
而半瞎的人，
所见的只是链条的一端，
即最近的一节。
他的眼睛没法看到上帝评判一切的公正的秤杆。

这本小书立足于具有无上的品德、无法比拟的智慧、仁爱和权力的上帝的角度对人世进行了总结：这个世界上没有绝对的错，区分善和恶是没有什么意思的，它们是一样的。如今想想，我之前的观点并不明智，而且我怀疑我在不知不觉中会把那些想法带到言行之中，进而对我整个的人生观发生影响。这种影响在常理上来说是理所当然的。

我渐渐懂得，人际交往中，想要获得幸福，最重要的就是"真心""诚意"和"廉洁"。因此我写下了一篇保证书，而且至今夹在我的笔记里，我也会终生奉行。《圣经》对我个人而言并不具备权威的指导作用，因为我觉得《圣经》里那些我们不被允许做的不一定是不好的，而被允许做的也不一定是好的，只是联系所处的环境，也许正是因为那些对我们不利，所以我们才要禁止，而我们需要做的那些则是有好处的。这种信念，靠着上帝慈爱的手，或是天使的守护，或意外获得的有利境遇，或一切的一切，都让我在缺乏亲朋，

---

① 罗伯特·波义耳，英国化学家，物理学家。

且没有父亲的呵护和告诫的情况下，安全地走过了那危险的青年时代以及在外遭遇的危险，并且也没有犯下一些因为我的无宗教主义造成的重大过错。这里所说的重大是由于那时我还处于青年时期，缺乏经验，时时饱受欺凌，所以之前我说的那些错误的存在是必然的。在刚涉足社会时，我还是坚持着我那些还不错的品质，而且将其视为财富。

　　我们抵达费城后没几天，新的印刷机也运到了。我们跟凯摩尔完成了解约手续。在我们离职之前，凯摩尔一直都不知道我们的创业计划。我们在市场附近租了一间屋子，如今我所知道的是，那间屋子现在的年租金高达70英镑，而当时只需24英镑。为了节省租金，我们就跟玻璃匠托马斯·戈弗莱一家合租该房子，他们向我们缴纳一些租金，而我们则对外称我们是寄宿在他们家的。我们才刚打开铅字，把印刷厂清理好，我的朋友乔治·豪斯就介绍了一位乡下顾客给我们。那是他在路上偶遇的，那个人正在寻找印刷厂。那时我们在各种必备的设备上花光了所有资金，而那个乡下客户的5先令是我们的第一桶金，而且是我们的"及时雨"，这比后来挣多少钱都要让我愉悦。我对豪斯很是感激，他让我后来总是乐意给那些创业起步者以帮助，否则我可能不会如此热心肠的。

　　世间总会有一些悲观的人，他们总是杞人忧天，费城也不例外。在费城有个名叫塞绍尔·米克尔老人很有名，他看起来很有智慧，言语间很庄重，但我们两个并不认识。某天，他路过我们门口，就问我是否是那个最近开始创业的年轻人，我给了他肯定的答案。他对我表示了担忧，因为印刷厂消耗很大，甚至可能导致血本无归。他说费城已经没落了，很多人都已经接近甚至已经半破产，所以所有跟这个截然不同的表象，像新建的建筑物以及飙高的租金等，在他看来都是不靠谱的，因为实际上它们可能带来破产的风险。他还详尽地跟我说了不少现在正发生的以及快要发生的灾祸。他走后，我有点担心。如果我在创业前就与他相识，很明显我不可能创业。此后，他一直住在那里，发表着相同的见解。几年下来，他都不肯在费城买房，因为他觉得一切都快要灭亡了。直到后来，我高兴地发现他高价购买了一处房子，价格相当于先前他发表不祥预言时的五倍。

第五章

　　我本应提早说的，在一年前的秋季，我曾联合几个朋友发起了"讲读"俱乐部，用于知识交换，共同进步。我们每周五晚举行例会，我起草的章程规定，每个会员都得轮番发表一个或多个与道德、政治或自然哲学相关的问题，大家进行研讨。我们每三个月要提出或朗读一篇自己写的文章，题目自拟。会长指导着我们的辩论，要求我们有虔诚的求真务实的态度，不为占据口头上风而进无谓的争辩，而且为避免情绪过于激动，又规定所有过于自负的或针对性的提议，都是违规的，会受到小额罚款。

　　俱乐部里的元老有公证处的契据撰写者约瑟夫·布赖恩特纳尔。他是一个性格很温和，很讲义气的中年人。他热爱诗歌，只要书到了他手里，他绝对会认真翻阅一遍的。而且他写的诗歌也还不错，精通不少小制作，言论很有自己的想法。

　　自学成才的数学家托马斯·戈弗莱很精通数学，还研发了如今被命名为"哈德里象限仪"的东西。不过除了数学，其余的他一窍不通，而且他也很不讨人喜欢。就像我所认识的大部分数学家一般，他总是希望他的言论是绝对的精准，经常会因为一件小事争论很久，导致讨论无法继续下去，所以他很快就退会了。

　　测量员尼古拉斯·斯卡尔，后来升任测量局长。他也很热衷于阅读，也写了好几首诗歌。

　　威廉·派尔逊曾经是个鞋匠，不过他也很喜欢阅读，数学也还不错。最开始他学数学是为了学占星，到后来却对占星学嗤之以鼻。最终他也当上了测量局长。

　　技术精湛的木匠威廉·毛格理治，他心地纯良，而且颇有见地。

　　休·梅莱笛斯、斯蒂芬·波茨和乔治·韦布，我之前已经介绍过他们了。

　　富裕的年轻绅士罗伯特·格雷斯，他大方、开朗、聪明、幽默，讨人喜欢。

　　跟我差不多大的威廉·科尔曼那时候只是个商店员工，是我所认识的人中最沉稳、最有条理、心地和品行都最好的人。后来，他成了很有名气的商人，还担任了我们州的法官之一。我们的友谊保持了40年，直到他去世。而我们的俱乐部也大概维持了这么久。这个社团是本州内最佳的哲学、伦理和政治学学派。由于我们会在讨论前一周把问题提出来，如此一来，我们就可以提前认真准备相关资料，讨论的时候也就能更加集中精力了。而且我们在这里面也养成了聊天的好习惯，每件事情都按部就班，避开了争吵。自组织以来，这个俱乐部就一直存在着，在此之后，我还会多次提及。

我跟你说起这个俱乐部是为了告诉你有些事对我很有帮助，会中人都尽力帮我介绍客户。特别是布赖恩特纳尔帮我跟教会联络，接下了印刷教会40印张的相关历史的生意，剩下的都是凯摩尔承接的。在这单生意上我们做得特别累，因为价格低廉。这本书要求用四开纸，四号字，标题要用大号长体字，我排一张纸的内容要用一天，而梅莱笛斯负责印刷。而每天等我做完为第二天印刷的拆版等工作后，往往已是晚上11点了。有时还不止这么晚，因为我们除此之外还要印刷其他朋友带来的小单子。不过我还是决心每天印一页四开纸。有一次，我排好了活字版，想着工作终于完成，谁知道里面有一版不留神搞乱了，有两页的活字乱成一堆，我马上在睡觉前把活字还原，重排一次。我们的劳苦，邻居们都看在眼里，也开始表扬以及信任我们了。特别是人家跟我说，商人聚会的"夜间俱乐部"里有人说起新开的印刷厂，大家都觉得没什么希望了，因为那边原本就有两家了：凯摩尔和布莱德福。不过贝尔德博士（多年后，你和我曾在他的故乡苏格兰的圣安德鲁斯偶遇过他）却不这么认为，他说："那个富兰克林比我所见过的印刷业的任何一个人都要勤劳。每次我从俱乐部回家，都能看到他还在忙，而且每天早上都在邻居起床前就开始工作。"他的话让大家动容，接着就有位文具商家让我们代卖文具，只不过那时候我们还没有门店。

我这样重点强调我的勤劳，虽然好像有点自卖自夸的嫌疑，不过我的目的却是为我的后代们好。当他们看书时，发现勤劳这一品质在我所有的讲述中对我是最有帮助的，他们就会知道勤劳的重要性了。

乔治·韦布谈恋爱了，他的女朋友借给他一些钱，他以此换回了跟凯摩尔定下的有年限的合同，来到我这应聘。我们那时候没法雇他，可我却傻傻地透露出自己打算创办报纸的事，跟他说届时他就可以过来工作了。我还跟他说，如今布莱德福发行的报纸是没有意义的，管理一团乱，也没有趣味性，但是他还能赚到钱。我想，我如果办份优质的报纸是一定可以成功的。我请韦布帮我保密，但是他还是透露给了凯摩尔，凯摩尔马上赶在我之前，筹备发行报纸，还雇佣了韦布。我特别生气，因为我失去了办报纸的机会，于是写了几篇署名为《好事之徒》的幽默的文章，登在布莱德福的报纸上来声讨他们。后来布莱德福在报纸上将这些文章连载了好几个月。也正是因此，大家都把目光放在了布莱德福的报纸上，没人理会凯摩尔准备发行的、受人耻笑的报纸。不过，他还是发行了那份报纸，做了三个季度，订阅的人不超过90个。于是他以低价转让给了我。因为我早就打算做这件事了，所以就直接盘了下来。在几年内，这份报的确让我收获颇多。

我经常只以我个人名义叙事，尽管我和梅莱笛斯当时是合作经营。这可能是因为，实际上所有的经营管理都是我一手包办。梅莱笛斯不懂排版，印刷也不怎样，头脑还经常犯迷糊。我的朋友们总觉得我和他合作很委屈，不过我还是尽力把合作做好。

我们刚发行的报纸跟以往州内的任何一份报纸都完全不同，字体清晰、印刷精致，而且刊登了伯内尔州长以及马萨诸塞州议会之间的争辩[1]，还发表了一些言辞激烈的文章。这让不少重要人物聚焦于此，于是人们开始纷纷讨论起这份报纸及其主编，短短几周内，他们都订阅了这份报纸。

在他们订阅了这份报纸后，就有不少人也跟风订阅了，销量也就日益上涨。这是我之前学着写文章所带来的一个好处。还有另一个好处就是，那些人看到如今报纸由一个能创作的人来发行后，都觉得理应支持资助。布莱德福还是承印着选票、法典以及其他政府工作，他印过一份议会给州长的文章，印得乱七八糟。我们将其重新排版，排得准确精致，每个议员人手一份，差别显而易见，这使我们在议院里的朋友们越发能说得上话，他们举荐我们明年承印他们的印刷业务。

说起议会里的朋友，我绝不能漏掉哈密尔顿先生，之前我提及过他，他那时已经自英国回来，成了议员。在此事上，他尽心尽力，此后，他还帮我做了不少事。他这辈子对我好得没话说。

---

[1] 他们争辩的原因是州长要求年薪为1000英镑，但是议会不同意给这么多。

弗朗斯的那笔钱，大概在这个时候开始要求我归还了，但是他并不催促我。我写了一封诚恳的答谢信，请求延时归还，他也同意了。等到我有钱还的时候，我马上连本带利还清，并且表示了感谢。就这样，那个错误在一定程度上得到了改正。

可是后来我们又碰到了另一个难题，那是我从未想过的。梅莱笛斯的父亲，依照我对他的期盼，他本该帮我们负担印刷厂的费用的，而他却只付了100英镑现金。当时，我们还欠另一个商人100多英镑。后来，那个商人对我们已经失去了耐性，便向法院起诉我们。我们上缴了保释金，可是从实际上看，我们不可能如期还清债务的，法院一定会判处马上执行，这样一来，我们的希望和我的前途会一起破灭的。为了还清债务，我们得卖掉设备和铅字，甚至还可能只能折半价卖出。

在危难之际，我却迎来了两个真正的朋友，我永远无法忘怀我们之间的友情。他们不认识对方，却都自愿帮我支付可以维持我的印刷厂运作的所有资金，只要我觉得行得通。不过他们不希望我跟梅莱笛斯再合作下去，因为他们总听人说在路上遇见喝酒的梅莱笛斯，而且还看到梅莱笛斯总到酒店玩那些下作的游戏，这对我的名声造成了很坏的影响。我的这两个朋友即威廉·科尔曼和罗伯特·格雷斯。我跟他们说，只要梅莱笛斯能依照合同行事，我就不能提出终止合作。因为在我看来，他们之前给予我很大的帮助，而且如果他们有能力的话，他们也不会吝啬帮助，我对他们有所亏欠。不过如果他们不按照合同办事的话，那么我一定会终止合作的，如此一来我方可安心接受来自朋友的帮助。

事情就这样拖了一段时间，我跟梅莱笛斯说："可能你父亲对于你在跟我合作经营印刷厂不甚满意，所以才不愿意单独出资，因为印刷厂是归我们两个人所有的。如果是因为这个，那么你就直接跟我说，我直接把这些交给你做，我自己找别的事情做。"他回答道："不，是因为我的父亲真的无能为力了，他真的没办法了，我也不想去逼迫他。我看这一行根本不适合我。我一直以来都是学习农业的，我傻了才跑进城里，30岁了，还给一个新行业做学徒工。我们有不少威尔士人都去北卡罗来纳创立事业，那边地价低廉。我也想跟他们走，重操旧业。你可以找你朋友帮你的忙，如果你接下我们共同的债款，把我父亲付出的100英镑还给我，帮我把私人的小额债务还清了，并送给我30英镑以及一副新马鞍,我就放弃我们的协议,全部东西算你的。"我接受了他的提议,马上写下了合同,并签名确认。我把他应得的都给了他,然后他就马上启程前往北卡罗来纳了。次年,他给我寄来了信件,详细描述了那里的气候、土壤、农业状况,说实在的,他真是一个农业方面的行家。我把信发表在报纸上,广受热捧。

等他离开,我就立刻向那两位朋友求助,但是为了显示我对他们俩同样的重视,我在他们两人提供的资金里各取了二分之一,偿还了我们的合伙债务,开始自立门户,并登报声明散伙。我想这件事大概是发生在1729年[1]。

差不多这个时候,民众呼吁着多发行一些纸币,因为州内当时仅有15000英镑纸币,而且那些纸币没一会儿就不怎么在市面上流通了。当然,富裕的居民则反对印发纸币,但凡是债权人都坚决地表示了反对,因为他们担心会跟新英格兰发生的事情那样导致纸币贬值。在讲读会中,我们曾经就此展开讨论,那时候我是支持增发纸币的,我觉得在1723年首次印发的那笔小数目纸币起到了很好的作用,它可以发展商业,增加就业和人口。因为如今我看到全部的老宅都住满了人,而还在增建新的住房;相反,我忘不了,我第一次在费城的路上游荡,啃着面包卷时,我发现胡桃街与二街和前街之间的屋子,大多数都张贴了"招租"的启事,而在栗子街和别的街道上情况也是差不多的。如此情形下,我总觉得城里的人们都要搬迁了。

我们对此的讨论越来越激烈,我还匿名出版了一本名叫《纸币的性质与需求》的小书。这本书在普通公众中很热销,但是富人却对它颇有微词,因为书中的思想是增发纸币。可是,富人中却没有一个能写出反驳的文章,于是他们也不怎么反对了,最终议院还是以压倒性票数同意了增发纸币。我在议院中的朋友们知道我在这里面起到了一定的作用,就提议让我承印纸币。这是一笔不错的买卖,对我颇有益处。这是写作使我获益的另一件事。

在时间和经验的见证下,纸币的作用已经毋庸置疑了,因此没过多久,纸币就增印到5000镑,到了1739年更是高达8万英镑,此后由于战争又增印到35万英镑。因为在此期间,商业、建筑业以及人口数都有所提升。但是,

---

[1] 实际为1730年。

我现在觉得增发纸币应该要有所节制，超额增发会带来不少危害。

没多久，我在朋友哈密尔顿的介绍下，承印了纽卡斯尔纸币，那时我觉得这单生意一定又会带来不少收益。因为在穷人眼里，芝麻大的事情也是大事情。而这些业务对我来说，也的确大有裨益，因为它们给我带来不少财富。他还介绍我承印政府的法律以及选票，这些生意自从我踏入这个行业，就一直在我手中。

如今，我开了间小型文具店，出售各类发票。这些票据是市面上唯一一种没有差错的。能达到这一效果，要感谢我的朋友布莱恩特纳尔。我还出售纸张、羊皮纸、账簿等。我在伦敦结识的排字工怀特马什———一个优秀的工匠，也来到我这儿来跟我一起干活。他勤劳且有耐心。我还收了阿奎拉·罗斯的儿子作为学徒。

我如今正在慢慢地偿还开办印刷厂所欠下的债。为了巩固商家的信誉以及名望，我不单单很注重勤恳和节省的生活习惯，同时还尽量避免高傲的样子。我衣着简朴，也从不在休闲娱乐场所出现。我不去钓鱼和打猎。事实上，我只是偶尔会因看书而耽误工作，而且也只是很偶尔，还是不为人知的，不会被指责的。为了显示我从不看轻自己的工作，我偶尔会将店里买的纸放在手推小车里，推着它穿过街道回家。因此，人家都觉得我很勤劳节俭。我买东西也不欠款，那些进口文具商都抢着做我的生意，还有其他商人也提议让我帮他们代售书籍，所以我的生意风生水起。此时，凯摩尔的信用和业务日渐衰败，最终只能卖了印刷厂来还债。他去了巴巴多斯，过了好几年艰苦的日子。

凯摩尔有一个学徒叫大卫·哈里。当初我们一起工作时，我还教过他。他也在费城开了间印刷厂，买了很多设备。我一开始把哈里看作一个强有力的对手，因为他的朋友们都很有能力，而且享有很高的信誉。我提议跟他合作，幸运的是，他高傲地拒绝了。他非常骄傲，打扮得如同一个绅士，生活也很奢靡，喜欢去各种休闲娱乐场所，欠下了不少债务，对自己的业务也不管不顾。如此一来，他什么生意都没做成。最终，他只好像凯摩尔一样前往巴巴多斯，并把印刷厂也搬了过去。在那边，他雇用了他以前的老板凯摩尔。他们每天口角不断。但哈里还是没法平衡收支，最后只好卖了印刷机，回到宾夕法尼亚的乡下干活。那个接手哈里的印刷厂的人继续雇用凯摩尔，没多久凯摩尔就离世了。

如今，费城除了布莱德福特的老招牌，已经没有任何能跟我竞争的印刷厂了。布莱德福特如今生活富裕且舒适，他只雇用一些散工，接点小生意，对印刷业并不是特别上心。不过，他管理着邮局，大多数人认为他能更好地获取新闻，觉得他的报纸更具有刊登广告的意义，因而他报纸上的广告量远多于我的。这有利于他，却不利于我。尽管我也是通过邮局派送报纸，但是大家还是觉得我们的报纸有所差别。没办法，我只有贿赂邮差为我派送报纸，邮差也只敢暗地里接这些私活。但布莱德福特却禁止邮差帮我派送报纸，这让我很生气。我觉得他这样做太无耻了，如果哪天我有幸取代他的位置，我一定不会这么做的。

截止到这个时候，我还是和托马斯·戈弗莱一家合租，他们一家老小跟我分租一处房屋。他在另一边的店面里做玻璃生意，并但由于过分沉迷于数学研究，因此，他几乎不工作。戈弗莱太太打算为我和她的一个亲戚的女儿做媒，经常给我们制造相处的机会。时间一长，我就对这位少女有了感情，当然这位女孩本身也值得我去喜欢。她的父母总是邀请我跟他们一起进餐，为我们制造单独相处的机会，以示鼓励。这样的状态持续到了快要结婚的时候。戈弗莱太太在这其中尽了很大力，我跟她说希望那个女孩能带来一定的嫁妆帮我还债，这笔款项不会高于100英镑。她给我的回信是，他们负担不起。我提议抵押他们的房子。没几天，那边却回应说他们不同意我们的婚事了，说是他们咨询了布莱德福特，他跟他们说印刷厂赚不了钱，铅字损耗快，所以总是要购置新的。凯摩尔和哈里接连失利，很可能没多久我也会步他们的后尘。就这样我被拒之门外了，而那个女孩也被关了起来。

我不知道是他们另有了打算，还是从头到尾这都是他们的阴谋。他们觉得我们已经爱到深处，无法控制了，我们会悄悄登记，如此一来，他们给不给嫁资或给多给少都随他们了。我不知道实际情况，不过我怀疑他们动机是后者，所以很生气，以后也不再去他们家里。戈弗莱太太后来又告诉我他们同意我们继续交往，可是我还是毅然决然地表示坚决不与那个家庭来往。这让戈弗莱太太特别不高兴，从此有了间隙。戈弗莱没多久就搬走了，整个房子都归我了，我也决定不和其他人合租了。

不过这事还是让我开始关心起自己的婚姻了，我在身边寻找，甚至在其他地方也想办法物色。不过很快我就发现，一个做印刷的人，通常会给别人留下穷的印象。我不再奢望娶一个富裕的妻子，而且就算有这么一个人，我也觉得可能合不来。这个时候，不易抑制的年轻人的情欲让我经常跟一些偶遇的下作的女人鬼混在一起，随之，一些不便和不良后果也接踵而至。此外我还很担心会得病，还好没有染上。我和李德小姐的家庭之间还是继续交往着，因为我们就住隔壁，又是老朋友，我之前在他家借住的时候，他们就对我关怀备至。我经常受邀去他们家，他们时而也会来我这边聊天。我同情那可怜的李德小姐的悲惨遭遇，她看起来总是闷闷不乐，极少会有开心的表情，也不爱和人交往。我总觉得就是因为我在伦敦时的轻浮和不沉稳才害了她。尽管李德夫人觉得是她的错，是她曾反对我们在我去伦敦前完婚，又在我离开后，劝女儿与他人结婚。我和李德小姐的爱情又死灰复燃了，不过我们面前还是有很多困难。李德小姐和她丈夫的婚姻应该算无效了，因为据传他前妻还在英国，不过距离遥远无法证实。也有人传说她已经死了，但无法确定，就算真的是这样，他还有一屁股债，继承人还得接手偿还债务。不过我们还是义无反顾地结婚了，那是1730年11月1日。我们担心的事情都没有发生。她真是个善良、诚恳的伴侣，尽心地帮我料理店铺，我们共同奋斗，并努力带给对方幸福。就这样，我终于把这个大错改正了。

大约这个时候，我们的俱乐部已经搬迁到格雷斯的一间小屋那里聚会了，不再在酒馆了。这是我提议的，因为我们经常得参考书籍进行讨论，而如果我们把各自的书全都放在我们聚会的地方，这样一来就方便了不少。把书放在一起充当一个图书馆，每个成员的书可以通用，这样一人就可以拥有很多书籍。他们对此也表示赞同，我们交出了我们能给的全部书籍，放满了屋子的一边，很显然书没有我们想象的那么多。它们很有用，但是却没有人照料，麻烦横生，所以仅仅维持了一年，大家又各自带回了自己的书籍。

这时我开始着手在做一件社会公共性质的事情就是建立一座可以订阅图书的图书馆。我写了一个提案，并找布洛克登律师规范了提案的格式。在俱乐部中几个朋友的帮助下，我一开始就得到了50个订户。每个订户一开始先付出40先令，在接下来的50年内，每一年付出10先令。50年也是我们的开办年限。此后，当订户达到100时，我们获得了一张执照。这开启了北美订阅图书馆的先河，如今这种图书馆已经很普遍了。图书馆本来就是一项伟大的事业，而且它的作用一直在不断加深。图书馆增加了美洲人的知识，让一般的商户以及农民的见识如同别的地方的大部分绅士一般，。它也唤醒了很多殖民地的人们，让他们能奋起反抗，这也算是图书馆的一大贡献吧。

第六章

备注：上述的内容是根据本文开篇的意图而撰写的，所以里面包含了一些与他人无关紧要的各种各样琐碎的事情。而接下来的内容就是在数年以后因为几篇提议信而写的，所以是面向公众的。此时，由于革命战争，我的记叙也被打断了。

艾贝尔·詹姆斯[①]先生寄来的信件，里面还附有我的自传摘录，收于巴黎。

我敬爱的朋友：

我总想给你写信，可是却总是因为林林总总的缘故放弃，因为这可能会被英国人拿到[②]，或者被有些印刷商或别的多事的人将里面的东西公布出来，如此一来，不仅会给我的朋友带来困扰，我自己也会被舆论抨击。

前不久，我获得了你大约二十三页手稿，这让我非常高兴。手稿是写给您儿子的，其中记叙了您的出身和遭遇，一直到1730年为止，还附有批注。我抄写了一份给您寄回去，如果您继续写下去的话，这份手抄本能帮您把以后写的连在一起。如果您如今还没着手，请您不要再拖延了。就像牧师同我们说的，"世事无常"。假如真诚勤恳的本杰明·富兰克林撒手人寰了，世界上就失去了一本好书了，那么世人会怎么评价呢？这本书不仅仅对于小部分人有益，而且对于千百万人来说也是有益的。像这样的书对年轻人思想上的影响是很大的，依我所见，在公众人物中，这样的感染力显得更为明显。它几乎是潜移默化地带领着年轻人们下定决心学习您的善良和出色。如果它发行了（我想不发行是不行的），将引领年轻人们学

---

① 费城贵格会商人，曾保存过部分富兰克林的手稿。
② 此时英国正与北美殖民地交战。

习您青年时期的勤恳和节省。对于那些年轻人来说，这是多么幸运呀！据我所了解，在您这一代，还没有一个人或多人联合起来，能跟您一样促进美洲青年勤勉奋斗和培养他们尽职、简朴和节制的品质。我的意思不是说这本书只有这么一个好处和意义，但是这是最重要的，我觉得，这是无可比拟的。

艾贝尔·詹姆斯

我把这封信连带附录给了一位朋友看，接着就收到了那位朋友的来信。内容如下：

我亲爱的先生：

在看完你的教友会的朋友为你找到并记载着你生平的笔记后，我曾告诉过你，我会写信告诉你，为什么正如你那位朋友说的把这部著作写完并出版是很好的。之前，因为种种原因我没法写信给你，而且我也不知道它值不值得你等待。不过，现在正好有空，我就写下来了，这样做至少可以使自己高兴，并且这里面也带给我自己一些好处。考虑到我的措辞可能会得罪如同你一样的那些人，所以我要向你说明，如果我给那些如你一般善良且伟大，但却不够谦逊的人，我会怎么说。我将对他说，先生，我希望你继续写下去，原因如下：

你的经历是非凡的，就算你自己不写，也会有其他人写，那可能就不那么有益了，而假设是你写的话，那么它就会相对完善一些。并且你的自传还可以介绍你们当地的情况，这样就能够把那些善良勇敢的移民吸引过来。毕竟他们是那么热切地想知道美洲的情况，而以你的名气来讲，我实在找不出有什么可以跟你的自传所带来的效应相提并论的了。

你的生平与一个新崛起民族的风俗以及生活环境紧密相连。说到这，我并不觉得在评判人性和对社会的真实性上面，你的作品会比恺撒和塔西陀的差。

不过，先生，在我看来，这些理由还只是旁枝末节，重中之重是你的自传有益于培育出新的伟人，而且还有你感染人情操的品德、艺术（指的是你即将发表的《道德的艺术》这部作品），可以让社会和家庭均收获美满。

先生，我所说的这两些方面，都是值得人们自觉学习的典范。学校教育以及其他教育总是按照不合理的方式进行教学，不仅指导方向错误而且方法笨拙。而你的方法不仅目标正确，实施起来还很简单。当父母与年轻人在苦于缺少正确的方法而不知所措，不能对未来人生道路进行预测和准备时，你为他们指出了关键所在，并且这些还是大多数人都可以做到的。这是多么有意义的呀！

说到培养个人品德，如果是对于老年时期，那么影响并不大，而对青年时期则不同。年轻时，我们培养了主要的习惯和看法；年轻时，我们挑选职业和另一半。青年时期是人生的里程碑。在年轻时期，甚至把孩子们的教育也定了下来。在年轻时，也培养了自己的私德和公德。此外，人真正的一生主要就是从青年时期到老年时期，因此生命理应从年轻时就妥当经营，特别是在我们确定主要目标之前。

你的自传将不单单是教导人们自我教育，也会让人变得明智。即使最聪明的人，也会从另一个聪明人的言行的细致记述里得到启迪。事实上，人类自远古以来一直在漆黑中摸索前行，基本没有任何指引，难道弱小的人就要被取消受人帮助的机会？

因此，先生，应该把要做的事指引给做父亲的和做孩子的，帮助一些智者变得跟你一般，也帮助其他人成为聪明人。当我们看着政治家和军人如何凶残地对人们，而那些有名望的人如何背信弃义地对他们的朋友时，又发现其他一些好的方面，如谦逊和顺从的风气增长，善于治理的伟大人物又具有高洁的品德和亲民的作风，这对人们而言是有益的。

你所说的这的生活琐事也是好的，因为我们在待人接物上要认真谨慎。如此，你说出你的做法，会让人们深受启迪。这是人生的重中之重，很有必要跟他们解释这些事情，让他们能够有机会变得懂事明理。

言及我的个人经验，最令人感兴趣的莫过于把其他人详细的事情说给我们听，那很吸引人。很明显，你写的就是这样的。它能够激励我们，使我们懂得简单明了的管理、做事的手段。而我相信，你做这些事情是很在行的，就像你管理事务和讨论哲学一样，有什么能比人生更加富有经验和手段（当然，也得考虑一下重要性与对错了）更有意义呢？

有人不明道德，有人只会幻想，还有人作恶多端，可是，先生，我相信，你所写的必然是关于理智、实用和仁慈的经验之谈。

你在自传里不为自己出身贫寒而自卑，这是很重要，而且，你证明了幸福、品德以及伟大，都不关出身贫寒什么事（在这里我要说明，我描述的是一个同富兰克林博士在品德方面和个人经历方面都极其相似的人）。做事不讲究方式是达不到目的的，所以我们看到，连你也制订了一个成为成功人士的计划，而且努力坚持，取得成效。此外，我们可以发现这个计划简单明了却蕴含智慧，那需要天赋、品德、想法以及习惯来实施。

此外还要说的是，无论谁都该等待机会来展现自己。我们常常聚焦于现今，而不去考虑长远的问题，所以人要计划好他的行为，使之能与一生相适应。你的成功贯穿于你的一生，它使逝去的时光曾因满足与快乐而富有活力，而不因为愚昧的急躁或懊恼而烦心。这一行为让人能更容易地学习那些真正的伟大的人的品性和做法，因为伟人的品德往往坚忍。

先生，你那位教友会的朋友（这里我又假定这个人同富兰克林博士相似）夸你善良、勤恳以及节约，尊你为年轻人的模范，不过他唯独漏掉了你的谨慎谦逊和大公无私。假如没有这些，你就无法耐心等到使你成功的机会，也不可能在此在穷困的时候处之泰然。这是个重要的经验，以显示淡泊名利和克制的作用。如果与我通信的人能跟我一般清楚你的名望、脾性，他一定会说，你先前的作品和评论会引起他人对你的自传以及《道德的艺术》的关注；反过来你的自传以及《道德的艺术》，也能对你先前的作品以及评论产生相同作用。这种品格很有用，它影响你及你的一切向更好的方向走去。而且这相对于不少人已做的或是故意为之的更有用，假如他们没有改进他们的想法以及品德的手段的话。

最后，我还想再说一下，作为一部传记，你的自传具有的其他意义。尽管自传这一体裁貌似已经落伍了，但它还是非常有用处的。这本自传将成为能够与各类讨厌的凶手、阴谋家以及修道士的自传或无聊文人的文学作品进行对比的著作。假设你的传记能鼓舞，创作出更多类似的作品，并且使这些作品得以见天日，这带来的意义将远远超过全部普鲁塔克的传记。不过，我已厌倦设想这样一个人，他的每一种特质只适合于世界上的某一个人。这种特质就不值得我为他去歌颂了。

我的信已经接近尾声了，我尊敬的富兰克林博士，在这里我提一个诚恳的请求。我殷切盼望，你能将你那高尚情操的个性奉献给这个世界。因为你年事已高，而且你性格谨慎，有着独特的思想风格，所以除了你自己，再也没有谁可以了解你这充满传奇色彩的一生了。

在如今的伟大革命时代，我们要聚焦于你这位革命的首创者，因为革命是为了实现以某些道德原则来做事，那么就有必要说明，这些原则是如何影响到革命的。此外，你本身的品格具有让人认真钻研的意义，（即使是为了你那正在崛起的国家，以及对英国乃至欧洲的影响）因为这就是人们处事的标准。为了给人们带来幸福，我必须向你证明到目前为止，人们品质依然卑劣，而且我还会论证，通过妥善管理，完全可以让他们改过自新。相同的理由很多，但是我想让人们知道尽管如此，社会中依然有个别人具有高尚的品德，以防他们认为人是无可救药的，出现你争我夺或安于天命。

开始吧，尊敬的先生，快点着手做这些事吧。你要展示你的仁慈和你的沉稳，最重要的是，要表明自己热爱正义、自由以及和谐，就像大家在最近17年里看到的你的言行一般。希望这样可以让英国人既尊重你，同时又爱戴你。当他们开始肯定你的国家中的某一个人时，他们就会逐渐开始肯定整个国家。而当你的人们开始感受到别人的尊重的时候，他们就会觉得英国也不错。甚至还要超出英国人的局限，把目光面向得更广一些。在解决了政治上和人性中的诸多难题后，下一步就要以造福人类为目标。

　　虽然我没有读过你自白的任何一部分内容，仅仅是认识你本人而已，以上的说法还有一些想当然的成分在内，但是我相信我说的《道德的艺术》必然可以满足我的期盼。还有，如果你能采纳我以上中的一些建议，那我就更满意了。而就算没办法让推崇你的人都得到满足，至少你也出了两部很有意义的作品。人生本来就会出现许多苦闷，而如果一个人能为别人带来快乐，那么就会使他们的幸福感大大增加。

　　所以，我希望你可以听从信里的祈求。尊敬的先生，希望你能同意。

本杰明·沃恩[①]
巴黎，1783年1月31日

[①] 英国驻法外交官，因同情美国革命与富兰克林建立了深厚友谊。

第七章

——1784年写于巴黎近郊

这两封信是我很久以前收到的,不过因为我诸事缠身,所以直到现在才有空满足信中的请求。要是我在家里,我原先做的笔记触手可及,也许可以做得更完美一些,因为那些笔记可以帮我更好地回忆,让我能够明确每件事发生的具体时间。但我还无法定下回家的时间,既然现在有空,那么我就尽量回想并记录下来。如果我有幸能够活着回到美国,我再参照笔记加以修补就可以了。

我手头没有写好的抄本,我忘了有没有提及我筹资在费城建立公共图书馆的事了,虽然当时看起来不起眼,但现如今的规模已经不容小觑了。如果我没记错的话,我应该是写到了筹建图书馆这个时间点(1730年)吧?那么接下来,我就从这件事开始写,如果将来发现这部分已经写过,再把这部分删掉就好了。

那时,我正在宾夕法尼亚创业,波士顿以南的每个州都缺乏这样一家优质的书店。纽约和费城那些印刷厂同时也兼营文具店,但他们只贩卖纸张等东西,还有日历、民谣和教科书。因此谁想看书,就要先从英国本土的书店购买,再邮寄过来。在我们这个俱乐部里,大部分成员都拥有一部分书籍。那时候,我们已经不在原先开会的酒馆里了,而是租了一个房子作为会议厅。我提议大家带上自己的书到会议厅,如此一来就可以在开会的时候参考,同时造福大家,大家可以自由借书。这件事很快就办成了,我们为之骄傲了好一阵子。

发现这种读书方法的好处之后,我又提议将它推广出去,建立一间公众的借阅图书馆。我起草了必要的策划书和规章,还找来了聪明能干的查尔斯·布洛克登律师,让他将这一切书写成合同条款。合同中约定,参加的人要先拿出一些钱来购买第一批书,此后的每年再交一点以便补充书籍。那时候费城很少有读书人，而我们虽然对读书充满了热情，却没什么钱。所以，虽然我们尽力游说，到最后也只有 50 个人愿意加入。这些人中的大部分是年轻的工厂工人，根据规定，他们每人先交了 40 先令作为入会费，接下来每年交 10 先令会费。虽然这笔钱不多，但是有了它，我们的图书馆就开张了。我们从别国买到的书籍很快就运回来了。我们的图书馆每周开放一天，供参与者借书。借书的会员都得签下字据，如果不按照约定的时间还书，就要缴纳相当于书价两倍的钱作为罚款。有了这么一个图书馆作为开头，其他州的市镇都争相模仿。由于获得私人的捐赠增多，这些图书馆的规模逐渐变大，公民阅读的风气也慢慢形成。当时的人们因为没有别的娱乐活动来转移自己的注意力，所以他们很快就爱上了阅读。就这样过了几年，外国人就已发现我们的公众的教育水平要高于其他国家同阶级的公众，在知识方面也略胜一筹。

  我们准备签署之前就约定好订阅合同了，期限为 50 年，对我们本人及后代都有效。公正的律师布洛克登告诉我们："你们是年轻人，可是你们当中很少有人可以活到合同的最终限期。"如今，当时签署合同的人仍有几个还在世，但那份合同，没过几年就被废止。现在那家图书馆已经变成一家永久性的公司了。

  当时我为图书馆招募会员的时候，有的人表示反对，有的人虽然同意了也很不情愿，这让我发现，以个人的名义来提出任何倡议都有失妥当。如果一个人要借助他人的力量完成一件事，人们会怀疑，这样的做法将个人的声誉看得比大家还重要。所以，我尽量降低自己的存在感，把这件事归功于我的各位朋友们。我说他们热衷阅读，我只是受邀执行并完成这个计划。通过这样的方法，我的游说开始变得很顺利。在图书馆这件事上获得成功之后，我每逢遇上这样的事情都会采用这样的方法，而且，我还真诚地把这个方法传授给了别人。此时，你可能牺牲了小小的荣誉，但是，此后你却可以收获更多。在一件无法确定归功于谁的事情上，那些比你虚荣的人都会自认为归功于自己，但是等到真相大白于天下的时候，不管他们有多么嫉妒，也得把功劳归还给真正的有功之臣。

  有了图书馆，我就可以不断地增加见识，每天我都在那里待上一两个小时，补偿自己缺乏的高等教育，这也是我父亲一直以来的希望。对我来说，唯一的乐趣就是阅读。我不会在酒馆、赌博或其他所有的下作的娱乐上浪费时间，并且还是勤恳地埋头于自己的工作，毫不厌倦。那时候，我印刷厂欠的债还没还清，还有小孩需要接受教育，而且当地还有两间印刷店作为竞争对手，它们的资历都比我的老。不过无论如何，我的情况越来越好。我原有的节约的品德也坚持了下来。我小时候，我的父亲总会在教育我的时候反复提起罗门的名言："只要一辈子勤勤恳恳，终有一天他会站在君王的面前，而非下等人面前。"此后，我就把勤劳奉为获得财富和名声的途径，这句名言一直鼓舞着我。尽管我从来没想过会有一天站在君王面前，不过最终这句名言真的实现了：我曾经面对着五个君王①，甚至还和丹麦国王一起吃过饭。

英国有一句谚语："一个人想飞黄腾达，得先问问他的妻子。"真荣幸，我有一位勤俭如我的妻子。在我的工作上，她很快乐地给我帮助，帮我折叠和装订那些小本子，看管小店，收集烂布卖给造纸商。我们不雇佣仆人，因为她们太懒了。我们的生活简单朴素，没有一件多余的家具。举例来说，有很长时间，我们都以面包和牛奶（没有茶）为早餐，盛放牛奶的容器，是一个大约 2 便士的陶碗，汤匙也是锡制的，价格低廉。不过，奢侈总是会在不经意间流进一个家里，而且是肆意滋长。某天清晨，我吃早餐的时候发现，我的牛奶是用瓷碗装着的，还配着银制汤匙。这是我妻子在我不知情的情况下，用了 23 先令买的。而她也大大方方，不加以狡辩，说是觉得她丈夫就该跟其他的邻居一样配有银制汤匙和瓷碗。这是我首次在家里看到瓷器和银制品。时隔多年，随着我们越来越富裕，金银器皿也越来越多，甚至价值多达几百英镑。

说到宗教，我受过相应的教育，虽然我无法理解甚至怀疑其中的某些教条，像什么上帝的永恒、选举、罪责等，而且我早就不去教堂做礼拜了，因为我的读书日就定在礼拜日，但是我还是固守一些宗教原则的，比如，我坚信存在上帝；他造就了这个世界，并按照他的意愿进行管理；上帝最欣赏的就是我们做好事；我们的灵魂永存；善有善报，恶有恶报，可能是现在，也可能是未来。我觉得这些是每个宗教都必备的，并且我发现这些道理在全国的所有宗教都有出现，所以我认可它们。但我认可的程度又有所不同，因为

---

① 分别是法国的路易十五和路易十六，英国的乔治二世、乔治三世，丹麦的克里斯蒂安六世。

我发现这些宗教都不同程度地掺杂着各种各样别的东西，而那些东西并不是为了鼓励、提升或巩固品性，而主要是为了使人们分裂，导致互相敌视。在我看来，多糟糕的宗教也有可取之处，我尊重所有的宗教，这让我避开一切可以导致别人质疑自己的信仰的聊天。因为我们州的人口一直都在上涨，导致做礼拜的场所总是很紧张，所以往往以自愿为原则为建礼拜堂募捐。出于这个目的，无论什么教派来募捐，我都不会拒绝出一份绵薄之力。

虽然我参加公共礼拜的次数屈指可数，但是我还是坚信恰如其分的礼拜是有用且有效的。我每年捐出一定数量的钱给费城唯一的长老会及其牧师。牧师常常会来探访我，他就像我的好朋友，也总是邀请我参加他的宣讲会。他总这么说，我也就被说服了，同意去礼拜，甚至有一段时间，我连续五个周日都参与了公共礼拜。假设他如我所想的是一个优秀的牧师的话，可能我会接着去，即使我原来的周日闲暇时间是用来研究学习的，可是偏偏他主要都是对各门派间的争辩，或者我们长老会独特的教条进行讲解，这让我觉得很枯燥，也没有意义。他始终没有对任何一句道德的原则进行讲解。他的讲演好像是为了让我们信服长老会，而非教育我们成为好人。

后来，他把圣经里《腓力比书》第四章的一节当成他讲演的话题："兄弟们，我还有话要说，只要是事实上的、可敬的、公正的、纯净的、可亲的、享有美誉的，如果有什么道德或者受到称许，都是你们需要记住的。"我想，以这么一个题目进行宣讲，还是有些德行可谈的。可是他的宣讲却只是局限于下面的五点：

1. 诚心地遵循安息日；
2. 反复阅读《圣经》；
3. 准时参加公众礼拜；
4. 对圣典很熟悉；
5. 尊敬代表上帝的牧师。

可能他说的这些东西有可取之处吧，但是那并不是我期待能从这个题目里听到的，我也对从其他经文里摘取可取之处不抱任何奢望了，我觉得很烦，再也不去听他的讲演了。几年前，我编排过一个小型的礼拜式，或者说祈祷的仪式，准备自用（那是1728年），名为《宗教的信仰及行动规章》。自此，我都采取这个仪式，也不再前往公众礼拜了。我的做法可能会受到指责，但是我并不在意，更不奢求别人的谅解，我如今旨在追求实际，而不是和人家争论。

就在这个时候，我想到了一个实现道德圆满的计划，但是实行起来很艰辛。我希望能够做到，我要克服所有缺点，不管它们是否是由、本性、坏习惯，或者交友不当等引起的。就像我清楚的，或我自认为清楚的。我认为我可以只做正确的事，而不去做错误的事。但不久之后，我发现它比我预估中的要难。当我致力于避免某个错误的时候，常常又会出现另外一个错误；人们往往在不经意之间，让习惯钻了空子，而某种嗜好让拒绝更有说服力。最终，我总结出了这样一个结论：只要道德完美，人们就会得到福报，但事实上这种事情根本无从考证，功过不能相抵，犯错就是犯错。不合理的习惯一定要戒掉，良好的习惯要得到培养，这样我们才能保持正义。基于这个目标，我想出了如下对策：

我以前在书上看过不少有关道德的细节，因为作者不一样，所以同一个词语里蕴含的内涵多多少少不大一样。以"克制"为例，有的人只规定在食品上，而有的人的范围却涵盖了各类娱乐、癖好、品性、躯体或精神的欲望，甚至涵盖了我们的贪欲以及野心。我的看法是，为了让它们更加清晰，我情愿条目多一点，每个条目涵盖的少一点。我的计划里共计有13个道德条目，在我看来，这样的划分很有必要，或者说合情合理。我给每个条目的定义都简短有力，但是能够把我的意愿完全表达出来。

下列就是我定下的各类条目及其定义：

克制：拒绝过度饮食。

缄默：不说废话，只说一些于人于己都有用的。

条理：各类东西都归类完毕摆放整齐；工作的开始和结束有定时。

果断：决定该做什么并做好。

朴素：不要浪费金钱去做一些无法给自己和别人带来好处的事情。

勤恳：珍惜时间；用宝贵的时间做有用的事；抛弃所有不必要的行为。

诚心：不做任何不符合道义的欺骗行为，不要去想那些邪恶的东西，要让正义长存心中，说话时态度要诚恳。

正义：不做任何不好的事情，不要损人利己。

客观：不偏激，在接受理应接受的惩罚时，不要动怒。

干净：身体、衣服与习惯都不可以邋邋遢遢。

平静：切忌庸人自扰，不要总纠结于小事或者必然发生的事件。

贞操：出于身体以及后代的考虑才进行性生活，而且过性生活的时候，不可以过度纵欲，有害身体，或者有害清誉。

谦虚：以耶稣和苏格拉底为榜样。

这些道德习惯都是我想养成的，不过我觉得不能同时兼顾，而是要每次只奉行一种。等到自己已经掌握了一条以后，再去进行下一条，一直到我13条都完全达标。当然，前面几条都是容易实现的。我采用上面的那种排列方法的理由是："克制"排在第一位，因为它可以帮助我保持头脑清醒，保持警惕，避免旧习惯再次出现，还能抵御各种诱惑。完成了这一条，那么"缄默"也就不难了。我想要增进知识，也想培养道德习惯。在我看来，在与别人交谈时，聆听比诉说更重要。我要抛弃现有的为了让无聊的同伴感到高兴而说大话、幽默和开玩笑的习惯，所以"缄默"排名第二。接着是"条理"，因为我想拿出更多的时间来放在我的计划和学习上。"果断"，一旦变成习惯，那么我将能够坚决奉行上述的品行。"朴素"和"勤恳"能够让我快点还清债务，实现独立，并积累一点资金，从而更容易达到"诚恳"以及"正义"。我忽然想起，根据毕达哥拉斯写的《黄金诗》，日常考核是必要的，于是我又规定了下述的考核办法：

我编制了一本小本子，里面一页写一种品行。然后每一页都有我用红笔划的线，分成七行，每周一天就是一行，上面记明日期。7行里又划了13条横着的红线，每行前头都写着一种德行的首字母，在纵横线里，用小黑点标记通过考核得知的当天的错误。

我决定每周六聚焦于一项德行的考察。所以，第一周，我着重遵守"节制"要求，避免与"节制"这一条发生任何冲突，把其他德行都放在一边，每页只登记当天的过错。如果一周之内，标记了"节制"的那行完全没有黑点，那我觉得这种习惯已得到了巩固，如果黑点很多，就说明我的做法没什么用。接下来，我才能放心地进行下一项，而且在下周内要保证两行没有黑点。如此慢慢地做到第13点。我在13周内完成本期任务（13周为一期，每年4期）。就像一个人去园里拔除杂草，不要尝试一次性除光杂草，因为这远超出了他的体力和精力范围，还不如分成一小方块一小方块的，拔完一小块，再拔下一块。所以，我希望自己可以从表上的黑点看到在我的品行上的长进。最后，在 13 周中逐日考核里，我会因为看到一本干净的本子而高兴不已。

	S.	M.	T.	W.	T.	F.	S.
T.							
S.	*	*		*		*	
O.	**	*	*		*	*	*
R.			*			*	
F.		*			*		
I.			*				
S.							
J.							
M.							
C.							
T.							
C.							
H.							

TEMPERANCE.
EAT NOT TO FULNESS;
DRINK NOT TO ELEVATION.

表格样式

我这个本子还曾经借用了艾狄生在《卡托》里写的名言：

我坚信，假设我们头上有一个超然物外的神灵
（他的存在是肯定的，因为万物为之高呼），
他一定热爱品德，
他所偏爱的有道德的人也一定很快活。

我还记录了西塞罗的名言：

哲理指导着人们前行，是劝说人们做善事的神明，
做善事即使死亡也很光荣，我不为求长生不老而做尽坏事。

同时，我还引用了所罗门的名言，是关于智慧以及品德的：

她右手是无穷尽的年月，
左手是无穷尽的财富。
她的哲学是快活，
她指向的是和平。

（第三章第 16、17 两节）

我坚信智慧来源于上帝，祈求上帝赐予我们智慧，既是合理的，也是必需的，为此，我写下了如下简短的祈祷，把它放在考查表的前面：

啊，全能的上帝！宽厚的父亲！仁慈的引路人！
请赐予我聪慧，它指向诚恳的乐趣。
赐予我去做智慧所指导的事务的毅力。
请接受我，服务于您其他的孩子们，这是我能为您尽的绵薄之力。

此外，我偶尔也会用汤姆森的诗当祷告文，内容如下：

赐予我光明与智慧，伟大的上帝！
啊，教会我何为善，您亲自指引我吧！
给我救赎，让我脱离愚昧、虚荣以及邪恶，
用那宁静的智慧、自觉以及纯洁的道德。
让我摆脱对各种世俗的追求。
求神使我的灵魂，饱满、安宁、圣洁、真实，获得永恒的祝福。

"条理"这一条要求我合理安排人生的所有时间，我的本子的一页上就有 24 小时的时间安排表。

5～7点　　起床，洗漱，祈祷，分配当天任务，决心过好这一天，开始学习，吃早餐。

8 ~ 11 点　　开始工作。

12 ~ 13 点　　读书，或者再次翻阅札记，吃午饭。

14 ~ 17 点　　工作。

18 ~ 21 点　　物归原位，晚饭时间，听歌，玩游戏，聊天，考核当日行为（问自己一天做了哪些好事）。

22 ~ 4 点　　睡觉。

我坚持着这个自检的计划，虽然有时会被打断，但我会马上接回去。我错愕地发现，原来自己身上的过错之多远远超出了我的意料。不过值得高兴的是，它开始变少了。为了避免经常更换本子，我总会把以前的记录擦掉，以便开始新的一轮。没多久，册子上就到处都是黑洞。于是我把表和名言换成了一种很有光泽的厚册页，同样用红墨水画了格子，如此一来就很耐用了。我用黑铅笔记录过失，而那些标记我可以用湿海绵很轻易地擦掉。几次之后，我就是一年检查一次，再后来几年查一次，直到最后完全终止。虽然旅行或出国办事的过程中，会有各种各样的事情干扰，但是我总随身带着小本子。

进行"条理"这一项的时候，我明显觉得力不从心。我觉得，如果一个人有固定的工作，可能还容易一些，例如，对于印刷匠而言，这可能是切合实际的，但是作为一个商人，按时办事是很难的，他得和客户沟通，要尽可能地顺应客户的时间。关于放东西，比如纸等的东西的条理，我也觉得特别难。我原先没有这么一个习惯，不过早年我的记忆力超乎常人，所以也没有觉得不按条理行事会造成困难。所以，我在"条理"这一项上付出的精力是最多的，但我的毛病真的又令我感到郁闷。改进的速度是那么慢，我改了又犯，犯了又改，导致我已经对这个计划不抱希望了，我也接受了自己品格上有所欠缺。人无完人，不能刻意地追求完美。这正如有人向我那是铁匠的邻居购买斧子，要求斧头的任何一处都跟刃一般光亮。铁匠提出，如果他愿意帮忙旋转转轮，就同意帮他打磨。于是那个人就去了，当铁匠把斧面重重地紧贴住砺石，转轮就很难转得动了。那人时不时就从机轮那边跑过来查看工作进展，最后他选择了放弃。铁匠说："不，继续，继续，现在已经有了几个亮色斑点，我们一定可以把它打磨光亮。"这个人说："是，不过我觉得我就喜欢那些锈迹。"而我也相信很多时候就是这样的，他们缺乏一些东西，像我那样来进行修正，却以失败告终。等到发觉养成一个好习惯，或者摒除一个坏习惯特别难的时候，就放弃挣扎，总结说"一把斧头存在锈迹也是好的"。因为我的理性思维告诉我，不应该对自己要求过于苛刻，不然让人家知道了会笑我愚蠢的。并且一个品格完美的人一定会招人嫉妒厌恶，那样更容易会招惹麻烦。所以心地善良的人会在身上保留一些缺点，给人以指责的余地。

事实上，我真的很难做到条理这一条。但是随着我年纪越来越大，记忆力也大不如从前了，我明显察觉到条理的重要了。尽管我曾经信誓旦旦要做到品德完美，但是那实在是太遥远了，至少"条理"我就没做好。不过因为这个计划，我变得比之前漫无目的的我要开心很多，就像立志要练好字而临摹字帖的人，尽管他不可能达到原来想要的目的，写得跟字帖上的一样好看，但是，他在临摹过程中却收获了进步，字写得整洁又方便阅读。这也相当好了。

我想，我的后代应该知道他的祖先一直以来的幸运，一直到79岁自传为止，全是靠的这个方法。可能不久后我会遭遇不幸，这个只有上帝才知道。不过，就算不幸到来，曾经的那些愉快的经历应该也能让我保持良好的心态来承担那一切。在他看来，"克制"是他能够长久保持健康的原因，直到现在他的体魄还是那样好；之前的顺境，以及财富的累积，都是出于"勤恳"，"勤恳"使他累积了学识，并且能在学者间取得较好的名声；"诚心"和"公正"，让国人对他推崇备至，让他享有尊贵的地位。这些美德综合起来，使他对待所有人的态度都十分和蔼，让人愿意跟他来往，甚至还有不少保持了很长时间的友谊，尽管他的品行不算完美。所以我期待我的后代能够学习这个方法，并从中获益。

在此，我还要声明一点，虽然我的计划里面不可避免会有一点宗教成分，不过我可以保证的是，里面绝对不存在任何宗教教条的影子。我刻意避开了这些，因为，既然我觉得我的计划是可行的，对任何一个宗教的教徒都有用，而且有时候我会有要发表的冲动，所以我一定会规避任何导致宗教人士反对的点。我想给每种德行都进行备注，注明那些德行的好处，以及与其背道而驰的危害。我想那本书应该命名为《道德的艺术》[1]，因为它将说明如何得到美德，以及如何对待美德，这不同于那些仅仅劝人家做好事的书。那些书

---

[1] 没有一样东西能像道德一样地使人发财致富。——富兰克林原注

只是喊口号罢了，并没有教人家怎么做。它告诉那些挨饿受冻的人一定要吃饭穿衣，却不告诉他们如何在哪获取衣服以及粮食（《新约·雅各书》第二章的15、16节）

不过，我并没有达到我写作和出版这些注解的本来目的。实际上，我随时都会将这些感想、论断等记录成小摘要，留着将来再用。我现在还保存有部分摘要。不过因为我年轻时候专注事业，后来又从事公益，所以我的写作只能一拖再拖。因为在我看来，写作要求人能全神贯注地去把它和一个庞大的计划联系起来，但是出乎意料的事情接踵而至，我没法去实现它，所以就一直耽搁到现在。

在本文中，我想阐释并着重提一提这个原则，即单单从人的本性上说，那些不好的事并不是因为受到禁止而存在危害，而是因为它们存在危害才会被禁止。因此，做一个有德行的人吧，这对一个即使在当下获得幸福的人来说也是有益的（事实上，世界上经常会有一些达官贵人或是国家都希有一个诚实的仆人来帮助自己，但这类人却并不多）；每个人的兴趣都有可取之处，他们都可以快乐地在世间生活。基于此，我想劝说各位青年人，正直忠厚可以带给穷人财富，这是其他品德所比不上的。

起初，我的德行表只有12项，但是，有个教友会的友人跟我说，我看起来有点自负，这种自负溢于言表。在我与别人探讨的时候，如果我是正确的，那时候我就毫不谦逊，为此他还举了好几个例子。于是我下定决心摒除这个坏习惯，因此我把"谦逊"也列了进来，并扩大其定义。

我不敢说我已经真正地得到"谦逊"这种品质，不过至少表面上看我已经有了很大进步了。我再也不为了阻止他人提议而直接打断他人进行反驳，也不会趾高气扬地加以定论。甚至我还依照原先在俱乐部时的规章，不在自己的言论里加入武断的词，例如"肯定的""毋庸置疑的"等，而是改用"我猜""我觉得"或"我猜想这件事是……"，或说"如今，在我看来，应该是"。对于我觉得错，而别人觉得对的事情，我也会克制自己，不去粗暴地抨击或者立即指他说法中不合情理的地方。我压抑住了这种肆无忌惮评论的冲动。只是这样回应：我了解到，在特定的情况下，他的看法是错的，但是，在如今的情况下，我觉得，好像不能这么说，等等。这种变化带给我的好处立竿见影，我参与的谈话都会变得很融洽。这样彬彬有礼的方式，让我在提议时，通常会获得赞成，极少有人反对。如果我说的有道理，人们会较容易放弃原先错误的理论，转投我的立场；就算我说错了，也不会遭到过多的耻笑。

　　这个方法最开始用着有些别扭，也有点刻意，但是后来慢慢就好多了，也渐渐成了习惯。50年来，没人曾听我说过任何一句过于武断的话。因为这一习惯（还有我的正直），当我提出新看法的时候，公民们都很注重我的观点，我觉得应该归功于它。后来，我当上了议员，能在议会上那么有影响也应归功于此。我不擅长演讲，说话断断续续，措辞也总出错，言语有时候词不达意，但是人们还是能体谅并支持我。

　　事实上，没有任何一种习惯会比自负更难改。尽管拼命隐藏、克服、消灭，但，它总能不知不觉地流露出来。在这本书里你应该可以看得出来，我自认为是已经克服了这一障碍，但是我觉得我还是因为自己的谦逊而自负起来了。

第八章

（现在是1788年8月，我正在家里写着这篇文章，不过由于战争的原因，我之前写的不少笔记都丢了，如今我就只能找到下面几段。）

之前给大家说了很多我未来要做的事情，所以，我要在这里给大家讲讲产生这些想法一些构思和初衷。下面有一张小纸，是我无意中保存下来的，从上面可以看出对我最初的想法的回答：

1731年5月9日读史短评：

世界的大事件，诸如战争革命等，都因政党而起，并受其影响。这些政党立足于他们的眼前利益，或者是他们认为是他们当前的利益。不同政党观点不同，纠纷混乱的起源就在这里。政党在确定纲领的过程中，每人从观点上都会偏私于自己。一旦一个政党达到其总目标时，每个成员为了私利，就会起内讧。他们把一个政党分为许多派别，互相攻击，进而使得局面更加混乱。不管这些政界人士怎样宣传，他们中极少是为了国家利益，他们无非是打着这样的名号罢了。就算他们真的造福了国家，他们最开始想的也只是把自己的私利同国家利益紧密相连罢了，而非真的是无私为国。

至于为全人类谋福利的，更是少之又少了。在我看来，如今的社会特别需要建立道德联合会，把世界各国有品德的与仁慈的人团结起来，建立恰当明智的规章制度。那些仁慈的人明显会齐心协力去遵守，比一般人遵守法律还要强。我如今觉得，在上帝的庇佑下，如果真的有一个品行和声望都能符合要求的人来做这件事，那么一定会取得成功的。

本杰明·富兰克林
1731年5月19日　图书馆

我决心在自己生活条件还算不错，且有空闲时间的时候，来进行这件事。我在筹划时，不时将我的想法记录下来，可惜当年的这些记录大部分都丢失了。不过，我找到了一篇作为一种新宗教教义主旨的一份提案，我觉得里面涵盖了各个宗教的精髓，且并不掺杂任何个人的观点，所以无论如何都不会与任何宗教的信徒引发冲突。那些议论如下：

上帝创造了这个世界，他运用天道法则对世界进行管理。

人们应该带着虔诚的心，尊重，推崇，敬仰上帝。

而做善事就是人类对上帝最好的回馈。

灵魂不会消散，

无论现在还是将来，上帝都会惩恶扬善。

那时，在我看来，这种宗教的传播对象应该是年轻人以及单身的人们。加入的人不单单要公开承认接受这样的教条，还要参与为期13周的品德考核和实验，实验就跟上面列举的一样。这个教派刚创立的时候，为了避免心怀不轨的人加入，要严格保密，直到这个教派得到整个社会的认可。不过，教派的每一个成员，都应该在自己的交际圈里谨慎地搜寻那些可靠的年轻人，并向他们传播关于这种宗教的计划。只要是教会成员，都要救济贫苦，乐于助人，使别人得到好的发展，了解了这个以后，我们的教派就可以取名为"自由安逸社"了。自由指的是在养成了良好的道德的习惯后，人们就可以摆脱罪恶的束缚，特别是养成了勤恳以及节约的习惯，可以使人避开负债，以及负债所带来的奴役。

这就是我所能回忆起的关于这个计划的全部了。那时候，有两个年轻人热衷于我的这个计划，积极地参与了进来。不过我那时候很穷，所以要一心扑在事业上，这让我的计划没能进一步扩展，而我因为公事和私事的缘故一拖再拖，一直到我已经没有精力再去把这个计划进行下去了，这些事就更无从说起了。尽管在我看来，这个计划可行性很高，而且也很有益，可以培养更多优秀的人。同时我也没因为这个计划过于庞大而退缩，因为我坚信，只要一个人有足够的能力，就可以掀起巨大的改革，完成一份伟大的事业，前提是他已经定下了策略，并放弃所有会使他分心的娱乐游戏和其他事，只专注于做那件事。

1732年，我以查理德·桑德斯①的名义出版了我的历书，大概连续发行了25年，一般大家都叫他《穷查理的历书》。我竭尽全力地使之有用且幽默，所以它得到了热卖，也给我带来了可观的收益。每年，这本书的销售量都高达1万本。我看到很多人都在看这本书，特别是在我们省，几乎人手一册。因为人们很难买到别的书，所以在我看来，用这本书来教育百姓，真是再合适不过了。所以我就在书里的空白处印了一些名言，主要是教育人们如何视勤恳节约为致富的美德，因为穷人很难做到诚实廉洁，就像一句名言所说的，"你不用指望一个空空如也的袋子能直立着。"

这些名言都蕴含了各个国家各个时期的智慧，我将它们归纳起来，编制成了文集，放在了1757年版的历书的前言部分，就如同一位智慧的老人在人们面前大声讲演。看到我把这些名言归纳起来，大家都很感动。这本包含着格言的历书，受到了广泛的好评，全美洲的报纸都进行了转载。在英国，人们为了便于阅读，用特大号纸将书的内容复印出来，贴在了墙上。在法国，它还被译成了两个法文的版本。教士、绅士也大量购买，用来发给那些穷苦教徒和农民。因为我的历书不支持把钱花在购买国外的奢侈品上，所以很多宾夕法尼亚居民认为，这本书对本省财富的积累起到了不可忽视的作用。因为在它出版后的几年里，我们的财富也越来越多。

我也期待自己的报纸能具有一定的教育意义，出于这样的目的，我经常转载《旁观者》报上的好文章，还有其他著名道德家的文章。有时候也会刊登一些我自己写的小短文，都是我在俱乐部的时候写的。这些文章有一篇带有苏格拉底的讲话风格，说明了一个道德不完美的人，不论他多有才华，都没法称得上有学问的人；还有一篇关于克制的，论证了做好事不仅是要从生活习惯出发，还要从心里出发，不要存恶念。可能你可以在1735年年初的报纸上找到这些文章。

说到办报纸，我很小心地避开了所有涉及诽谤造谣的文章，近些年这种做法已成为我们国家的一种耻辱。有时候会有人要求我这么做，甚至有的人拿出自由出版的理论来，要求在我的报纸上发表此类文章。在他们看来，报

---

① 17世纪英国占星学家，也编纂历书。

纸就像受雇佣的马车，只要出了钱，想要去哪儿就能去哪儿。不过我的回答是，只要作者愿意，我可以为他们单独打印，署上作者的名字，想印多少印多少。不过，文章上必须写上作者的名字，我不会为他们承担恶意诽谤的罪名。而且，我曾经答应过顾客们，我的报纸上的东西要么有益，要么有趣，绝不会充斥个人争论，不然对他们来说太不公平了。如今很多报纸都有这样的发展趋势，他们加入了别人的恶意抨击，攻击好人，或挑拨离间，还因为这些发生了争斗。不仅如此，他们还欠缺考虑地对邻国政府进行恶意评论，还以这样糟糕的态度对待我们的同盟国，这将带来严重的后果。我说的这些希望能引起年轻印刷家的注意，希望他们别用这样糟糕的行为去给他们的职业和工作抹黑。他们应该严词拒绝，从我的经历就可以看出，这样做并不会损害到他们的利益。

  1733年，我委派我的一个工人到南卡罗来纳的查尔斯顿去，那边急需一个印刷厂。签完合约后，我提供给了他一台印刷机以及若干铅字。合约规定我分得三分之一的利润，也将担负三分之一的印刷厂的开支。他诚实又有学问，却不懂得记账。尽管他经常汇钱给我，却始终提供不了账本。他在世的时候，我们合作得相当愉快。他离世后，印刷厂由他妻子继承。她在荷兰出生，也在那里长大，接受了教育。据我了解，荷兰的妇女接受的教育中包含会计学。她不单找到了原来的账单，而且此后每一季度都会给我一份很有条理的精准的账本。印刷厂被她经营得很好，她不仅养大了她的孩子，而且合同到期时，她还能够买下我的印刷厂，让她儿子自己经营。

  我说这件事，是为了表明年轻的女孩也应该学习记账，因为无论对于她自己还是她的孩子（假设守寡），这项技能都要比跳舞和音乐有用得多，可以保证她们不被狡猾之徒骗走财产，可以使她们有经商的能力，能够累积财富，直到她们的孩子长大成人。这样对她及她的家庭都是有益的。

  1734年左右，从爱尔兰来了一位年轻的牧师，名叫亨普菲尔。他演讲的时候声音响亮，就算没有任何准备也能讲得极好，这就让不少其他教派的人也都开始倾向于他。我经常跟别的人一起去听他演讲，他演讲的内容很吸引我，因为里面不会有既定的教条讲解，他只是一味地劝人家做善事，或者用专业一点的术语来说就是积功德。不过，我们会里有些人总觉得自己是正统派的长老会教徒，所以对他的教会表示强烈反对，并且不少上了年纪的牧师都站在他们一边，他们联合向长老会的宗教会议上起诉他，说他是异类，不允许他继续演讲。

我是大力支持亨普菲尔的，并且尽力地去帮助他，联合了全部支持他的人，与反对派作斗争，希望他能获胜。后来，双方进行了激烈的口诛笔伐，这时我才发现，他虽然在善于演讲，但是文章却是不敢恭维，所以只好由我代笔，帮他写了几本宣传册，还有一篇论文于1735年4月发表在《公报》上。尽管这些文章在一段时间里面风靡，但是很快就被人们遗忘了，我猜现在连一本都不剩了。

在争辩进行得如火如荼之际，有一件特别糟糕的事情发生了，对亨普菲尔的工作产生了极大的危害。我们的一个对手在听完他的一篇广为流传的演讲稿的时候，觉得自己仿佛以前在哪读过，至少也读过里面的一部分。几番查找之下，那个人在《英国评论》上找到了原文，这是浮士德博士[①]写的一篇传道文。这下子，我们自己都有不少人开始鄙视他，也不再支持他了。于是，我们在对决中很快落败。

不过，我从头到尾还是力挺他的。因为我宁愿听他给我们念一些优秀的演讲稿，也不愿意听他自己胡编乱造的说教，虽然大部分的修士都采取后一种做法。后来他告诉我，他的讲文的确都是他背诵的别人的文章，他还告诉我，他的记忆超乎常人，有过目不忘的能力。

落败后，他就离开了，去别的地方尝试去了。我也没有脱离那个教会，尽管我每年都会捐赠一些钱供给他们运作。

1733年年初，我开始学习外语，没多久就熟练掌握了法语，能流利地阅读法文书。接着，我又开始学意大利文。我有个同样学习意大利文的朋友，我们常常对弈。但后来我觉得这太占用我挤出来学习的时间了，就不再和他对弈了，除非约定了该局的赢家享有布置作业的权利，那可能是语法部分，也可能是翻译等，下次见面，赢家将检查作业。由于我们棋艺相当，所以，我们是一种互相监督的关系。再后来，我比较认真地去学西班牙语，甚至可以直接阅读西班牙语的书籍了。

我说过，我只在拉丁语学校学了一年，那时候还小，后来我彻底荒废了那门语言。不过等到我学了法语、意大利语、西班牙语等各类外语，我才惊

[①] 洗礼会教徒，宣教士。

讶地发现，再回过头看拉丁语，居然能看懂那么多，这是我所没想到的。这让我决心重新学习拉丁语，而我也很快掌握了，因为之前学的那些语言起了铺垫的作用。

由此来看，我认为我们通常教外语的方法多少有些不合理。人们说，拉丁语要优先学，等到学好了，再学由拉丁语衍生的现代语，要简单不少。不过我们为什么不先学习希腊语，这样再学习拉丁语就会简单不少。没错，如果你能不依靠阶梯到楼梯的顶端，那么往下走的时候就会简单不少。不过，如果是自楼梯底部一级一级往上爬，爬到顶端会更容易。我恳求那些教育机构考虑一下，是不是之前先学拉丁语的人花了好几年的时间，结果还是不熟练甚至还是一窍不通。他们学的基本算是没用的，那么也就白费了时间。而如果先学法语，再学意大利语等，尽管最后用的时间差不多，也许他们不会再去学习别的外语，也没有学会拉丁语，但他们好歹也多学了两种语言，还都是现代广泛使用的，一定能给他的生活带来好处的。

背井离乡10年之久，我的事业蒸蒸日上，所以我特意回波士顿走亲访友，而这是我之前经济实力所不能及的。回去时，我前往纽卡斯尔看望哥哥约翰，当时他已经把家搬了过去，并且开了一家印刷厂。我们抛开了之前的偏见，见面时表现得非常热情，毕竟我们是亲兄弟。他的身体已经大不如前了，他说要是他离世了（他觉得自己行将就木了），让我帮忙把他那年仅10岁的儿子带到费城，照顾他长大成人，还是教他做印刷。我一直铭记着哥哥约翰的这句话，在教我的侄子印刷之前，我先把他送进学校念了几年书。他母亲在他成年前一直经营着家里的印刷厂。等到他成年，我送了他一副新的铅字，因为他父亲遗留的那一套已经有点损坏了。这样我也就对因我早年离开哥哥给他造成的损失进行了一些补偿。

1736年，我的一个儿子[①]夭折了。他才4岁，长得很好看，却被天花夺去了生命。我伤心了很久，至今还很后悔没给他接种牛痘疫苗。我说这件事的目的在于告诫那些可能遗忘这些事的父母。我觉得如果他们的孩子因为天花而死，他们一定一辈子都不能原谅自己。我就是这么一个例子，所以我提醒大家要采取最好的方式来预防。

[①] 弗兰西斯·福尔杰·富兰克林。

我们的俱乐部的成立对会员来说是一件很好的事情，所以大家很乐意介绍朋友加入。不过，由于我们曾经约定，人数的上限为12个，按照这个趋势发展，很快就会超过这一数字。我们最开始设定人数限制是为了保密（大家的保密工作做得都很不错），不让我们的俱乐部里混入不好的人，因为毕竟有些人我们又不是很好推辞。我不支持增加新成员，于是就写了一个新的提议信，提议各个成员可以自行组织分会，沿用主会的规章制度，不过不能公开和主会的联系。这个建议好就好在，我们可以培养各种优秀的年轻人。因为大家可以在分会里提出我们总部的议题，然后回来报告在分会的讨论结果，如此一来，我们就可以掌握民众各个时期的要求了。这样也可以因为广泛推广而给我们带来各种好处，可以提高我们在社会上的声望，同时我们为社会服务的能力也就得到了提高。

大家都非常赞成我的提议，所以各个成员都开始组织自己的分会了，但是在我们12名成员中，最终成功成立分会的只有五六个。这五六个分会名字各不相同，像"葛藤""联合""群众"等。它们的存在对成员们是有好处的，不仅让我们满足了当初办分社时的期望，还给我们带来了愉悦、信息以及经验。至于他们对于我们在讨论会上提出的问题所给的答案，我将在接下来的讲到的时候提一提。

在1736年，我第一次步入政坛，被选举作为州议会秘书。那个时候，没有人投反对票，不过次年，当时我又被提名候选人（这就像选举议员，任期为一年，次年进行改选），有位新议员公开演说，反对我连任，想帮助其他人当选，不过最后我还是成功连任了。我对这个职位非常满意，因为不仅有工资拿，而且居于此位，我和其他议员的沟通也就更顺畅了。这让那些选举票、法律、纸币以及政府所要的各种临时文件都可以由我接手印刷。总而言之，我受益匪浅。

因此，我不希望遭到这位新议员的反对。他是个富有而且学识丰富的绅士，准确地说，他的学识可以帮助他将来平步青云。事实上，后来他果然在议会中身居要职。不过无论如何，我都不情愿阿谀奉承他，以获得对他的喜爱。但是，没多久，我居然用别的方法和他建立了良好的关系。我听闻他的阅览室里有一本珍藏版的书，就给他写了一封信，表明我非常想读那本书，希望他可以借给我。出乎意料的是，他很快就把书给我送来了，我大概在一周内就归还了，还附了一份感谢信。等我们下一次在议会中见面的时候，他还礼貌地跟我说了话（他之前是从不跟我说话的）。于是，我们就开始了一段友谊，他无论什么都会尽力帮助我。这段友谊一直持续到他离世。这再次论证了我先前看过的那句俗语："原先向你伸出援手的人，会乐意继续帮助你，甚至比你曾经帮助的人更加可靠。"这说明，要使人家改变态度，就要采用恰当的手段，那将比愤怒、报复、冤冤相报更加有好处。

1737年，时任总邮务长的斯波上校①（曾是弗吉尼亚前州长）对他驻费城的代理很不满意，因为那个代理做事粗枝大叶，账目也对不上，于是他撤了那个代理，把我选为新的代理。我很清楚这一职位的好处，所以很高兴。虽然这个职位工资不高，但是可以拿到第一手消息，还能对报纸的投寄进行改革，这对我的报纸有莫大的好处，可以增加不少订阅人，广告商也会增加不少。总的来说，这一职位使我的收入很丰厚。我原先的竞争对手布莱德福特在担任邮局局长的时候，曾经阻止邮差为我送报，而现在我并没有采取任何报复措施，因为他的报纸已经被我的打败了，这让我非常高兴。在我之前的那位代理由于没有注意账目漏洞而深受损害，所以我要说说这件事，给年轻人们敲响警钟。如果你担任他人的经理，请一丝不苟地对待账目以及寄汇钱款。在品行鉴定书上有一条就是要求工作一丝不苟，这点对谋求新的职位以及工作有着重要的意义。

如今我已经开始聚焦公共事业了。我主要从一些小事开始着手。当时我觉得城里的巡夜很不规律，所以第一件事就是对其进行改革。费城原先是由警察分管巡夜事务，采取轮班制，他们总是提前通知一些户主，让他们随同巡夜。不愿意去的人每年上缴6先令给警察，由警察雇人巡夜。不过事实上，雇人巡夜并不需要那么多钱，于是警察们就在这其中牟取私利。他们给一些流氓地痞喝一点酒，让他们来巡夜，但是对于那些体面的人来说，并不愿意和这些人在一起。于是，这些流氓地痞在巡夜的时候，总是把大部分时间用来喝酒，根本不去巡夜。针对这件事，我在报纸上登出文章，还在俱乐部进行演讲，表明这些不恰当的制度需要整改，还特别指出无论家境如何都要上缴6先令是很不公道的。假设户主是一名寡妇，她所需保护的财产都没超过

---

① 于1710年到1722年担任弗吉尼亚代理州长。

50英镑，而所需上缴的保护费居然与那些家产上千英镑的富翁一样多。

所以我提议要推行一项更好的巡夜制度，雇用更加精明能干的巡夜人，经费的收取也要更加合理，按照财富比例进行收取。这一提议受到了俱乐部的大力赞同，还流传到了我们的分部去，作为他们各自讨论并提出的一个计划。尽管提议没能立刻执行，但是，它却蕴含了公众改革的想法，而且为几年后建立相关法律做好了铺垫。那时候，我们的俱乐部已经势力壮大了。

差不多此时，我又撰写了一篇文章（一开始在俱乐部演讲，后来发表了），说到了各种突发状况以及疏漏，应该谨慎预防火灾，还提出了预防方法。这篇文章受到了大家的推崇，并制订成了计划。很多志同道合的人聚集起来，成立了一个团体，一旦有突发情况，就发挥互助精神，帮忙转移财产物资。没多久，我们就组成了差不多30人的救火队。我们约定全部会员都要做到遵守纪律，同时配备防火救火所需物品——一定量的皮水桶以及结实的口袋以及篮子（以便转移物资），在每次遇到火灾的时候，都要带上这些物品。我们赞同每个月碰一次面，对火灾原因的看法进行交流讨论，并探讨真正遇到火灾的时候我们要怎么做。

很快我们这个组织就凸显出了作用，不少人纷纷要求加入。如此一来，加入的人数就开始超标了。所以我们劝说他们按照我们的样子建立一个相似的团体，他们也同意了，一个个救火队如同雨后春笋般冒了出来，直到大多数富裕的居民也都加入了。虽然我写自传的时间距离当时创始的时间相距大约50年了，但是我最先建立起来的救火队还是很好地发展着。不过先前的会员除了我和另一个比我大一岁的人，其他的都已经过世了。我们规定，每次开例会的时候，缺席的人都要上缴罚款，用来购买救火所需要的东西。所以，我认为世界上没有哪个城市的救火措施能比我们的先进。实际上，自从救火队成立以后，费城的火灾从来都没出现能蔓延至两栋房屋的案例了，因为在起火的房屋烧毁一半的时候火就被扑灭了。

第九章

1739年,怀特菲尔德牧师自爱尔兰来我们这边,他是一个著名的传教士。最开始,他被允许可以在我们多个教堂里演讲的,不过有些教士对他不满,不久后就不让他在教堂里演讲了。没办法,他只能把演讲地点定在外面。各个教派的信徒不少都去听他演讲,我也在内。我发现,他的演讲对听者来说就像有魔法一般,无论他怎么责骂他们,甚至说他们是"半魔半兽人",他们也还是推崇他,称赞他。尽管我对此有些不解,但由此可以看出,费城的人们改变了对这位牧师的看法。原来他们对宗教是那样不屑一顾,如今一来好像全都成了虔诚的教徒了。因此,如果有人傍晚经过这座城市,就能发现几乎每个家庭都在唱着赞美诗。

由于气候问题,在野外聚集总是很不方便,所以有人就提出要建一个礼堂,还分配人员去筹款。没过多久,建礼堂的钱就已经筹集到了,甚至比预算的数字还要多一些。礼堂长100英尺,宽70英尺,面积约同英国的威斯敏斯特教堂相等。因为施工期间人们充满了激情,所以很快就提前竣工了。屋子及地产被托付给了保管委员会,无论什么传道士,只要他想给费城的人们布道,都可以使用这个礼堂,因为这个礼堂并不是单纯为某个宗教建立的,而是为了方便大多数居民。因此就算是君士坦丁堡的穆夫提派的传道士来传播伊斯兰教①,也可以使用这个教堂。

怀特菲尔德离开后,又沿着各殖民地进行传教,一直来到了乔治亚州。乔治亚州移民是最近才出现的,适合在此创业的,本应该是勤恳耐劳、热爱工作的人,但是这种人很少见,来到这里的大多是一些破产商家,懒惰,散漫轻浮,没有能力还债,甚至刚从牢里出来的人。他们没有能力在森林里开垦,也没法忍受开垦的辛苦,不少人就这样死去,留下那些无依无靠的孩子。他们可怜的境遇引起了怀特菲尔德的同情,他决心在那边开办一家孤儿院,

---

① 世界主要宗教之一,公元前7世纪创立,创立者为先知穆罕默德。

让孩子们能够接受抚养和教育。接着他就返回费城，向公众宣传自己的计划。他的演讲让大家非常感动，纷纷捐款，很快就筹集了一笔巨款。我也是这些人中的一个。

我虽然并不反对修建孤儿院，但因为乔治亚州缺乏人力物力，而他的想法是花一笔钱把材料运往乔治亚州去建孤儿院。我觉得，这样还不如在费城建立孤儿院，然后把孤儿们带过来。我向他提出了我的看法，不过他还是固执己见，听不进我的劝告，所以我也不肯捐款。过了几天，我恰好参加了他的演讲，我知道他一定会在演讲结束后进行募捐，所以我暗下决心，一分钱都不会捐。我当时怀揣一把铜圆，三四个银圆以及五个金币。但当他开始讲的时候我又心软了，决定捐出铜圆。他又继续往下讲，我开始感动，开始感到惭愧，决定捐出银圆。而他的结尾是那么感人，所以当侍从端着捐款箱过来的时候，我把所有的钱都捐了出去。在演讲会场，还有我们俱乐部的另外一个人，他也不建议在乔治亚州修建孤儿院，也早就猜到一定会募捐，所以在家里就已经提前把口袋掏空了。等到散会的时候，他觉得自己一定要捐款，便想向身边的人借钱捐款。谁知道不幸的是，那个人恰好是现场唯一不受感染的人。那个人是这么跟他说的："亲爱的霍普森先生，本来不管何时，我都是乐意借钱给你的，不过不是现在，因为你好像有点晕，所以我现在不能借给你。"

有一些仇视怀特菲尔德的人恶意揣度他会把钱随意乱花，但是，我跟他已经是关系很好的老朋友了（他的讲演本和记录本等都是由我们承印），我并不怀疑他的忠诚程度。就算是现在，我还是觉得从他的各种行为来看，我可以相信他是诚实的。我们并没有宗教瓜葛，因此我觉得我对他的诚心担保对他来说应该是令人可信的。其实，他也经常帮我祈祷，希望度化我，不过我并没有回应他，依旧我行我素。我们仅仅是世俗上的好朋友，彼此坦诚相待，直到他离开人世。

下面有很多例子可以证明我们的朋友关系。有一次他从英格兰前往波士顿，并给我来信，告诉我他快到达费城了，但是还没能找到落脚点，因为他被告知，其老友兼房东贝内泽不久前已经迁居到日耳曼城了。我是这么告诉他的："你知道我住在哪里。如果你不嫌弃它不够豪华的话，我非常欢迎你的到来。"他则是这么说的："如果你因为基督教的缘故这么做的话，你会受到上帝的回馈。"而我是这么回答的:"请别误会,我只是为了你,而非是基督。"我的一位好友得知此事后,调侃道,这是教中圣徒的习性,当他受人恩惠和款待的时候,总想要卸掉身上本应承担的担子,将其推给上天,而我却总是归于原位。

我和怀特菲尔德最后一次碰面是在伦敦,那时候,他同我商讨孤儿院的事情,他想将它改为专门学校。

怀特菲尔德的嗓子响亮而清晰,而且发音准确,不出差错,就算隔了很远也可以清楚地听见他的话,特别是他的听众们,总是安安静静地听着。有一天傍晚,他在法院的石阶上面演讲,法院位于市场街中央,第二街的西边,两条街远远地都站满了听讲的人。当时,我在市场街的后面,为了了解究竟他的声音可以传多远,我就沿着反方向走,快到前街的时候,还能听到他演讲的声音。后来,由于街上过于热闹,才没法听到他的声音了。如果假设他的听众们站成一个半圆,我们之间的距离即为半圆半径,半圆里都是他的听众,每个听众差不多占 2 平方英尺,据我估算,估计有 3 万以上的人能够清楚地听到他说话①。这让我不再怀疑报纸上说的他曾对着 25000 人演讲的记录,如同古代历史上的将军对全军训话一般。要知道,本来我是不相信这样的事情的。

因为我经常听怀特菲尔德的演讲,所以慢慢地也就能够分得清他的新演讲以及旅行中的演讲的区别了。由于时常重复演讲,因此,他的演讲越发精湛,每个重音、每个重字、每个声调的顿挫都能完美地配合。就算别人对他的演讲一点兴趣都没有,也还是乐意去听,因为他能带给人们快乐,就像是名家的音乐一样。这是旅行演讲的牧师的优势,在这一点上常驻牧师只能自叹弗如,因为后者没法因为多次重复同一演讲而做出改进。

怀特菲尔德发表的文章总是可以给他的敌人以可乘之机,因为上面会出现许多措辞的不恰当甚至是错误的观点。如果只在演讲中提到,后面再给出解释,或者用其他什么言论自圆其说,或者干脆闭口不提就行了,可是一旦被印刷出来那就不一样了。批评界对他的文章大力抨击,因此他的信徒就只

---

① 实际的听众在 6000 到 8000 之间,但是对于一个只有 10000 名居民的城市来说已经非常可观。

减不增了。所以，我觉得如果他不进行写作，在他死后，他的信众会越来越多，所留下的教派会更加重要，名气也会越来越响，因为他没有任何可以被诟病的东西流传开来，他的信徒也可按自己的意愿歌颂他，把他奉为各方面都很卓越的人。

如今我的印刷厂的规模在不断扩大，我的境地也日渐变好，我创办的报纸也越来越好，因为那时本州和邻州大约只剩这一份报纸了。我更加理解了那个成语的道理："如果可以得到第一个100英镑，得到第二个100英镑也就不难了。"因为钱是可以生钱的。

我在北卡罗来纳州的合伙生意做得不错，对此我深受鼓舞，决定按这种模式继续下去。我挑选出一些品行好的工人，与他们签订合同，在各州与他们合伙办印刷所，一切都按照我和北卡罗来纳州那位工人的标准。他们大部分做得不错，能在6年的合同期满的时候买下我的那部分股份和铅字，进行自主经营。通过这样的方法，我的工人中有几个走上了富裕的道路。不少人合伙后都以口角而结束，而我和工人们的合作都是完美收场。我觉得，是因为我有先见之明，在合同上清楚地标注好了双方的权利和义务，以及可能出现的各种突发事件，所以没有任何争议。我把这些解释给那些将要合伙或者正在合伙的人听，因为就算合伙人值得尊重，或在那时候彼此是互相信任的，但一旦在合作中有任何不公道的想法，都会有妒忌以及憎恶出现，导致友谊和合伙无法继续，甚至还因此要上法院呢。

我乐于在宾夕法尼亚创业有很多的原因，不过比较遗憾的有两点：一、这里没有防务，也没有一所青年教育机构；也就是没有民兵，也没有一所学院。所以，我在1743年写了一篇开办学校的倡议书。那时候，可敬的彼得斯先生正好无业，让他来担任学校的管理者再合适不过了。我跟他商量了一下这个计划，谁知道他觉得服务于农场主更有好处，并且已找好了这样一份工作，所以推辞了。而在当时我也不知道有谁能适合来做这件事，就只好暂停了。次年，也就是1744年，我又提议创立哲学会，并获得了批准。当时我为了这个目的写了一系列文章，它们已经收录到了我的全集中。

说到防卫，西班牙和大不列颠王国的争斗持续了几年，后来法国也参与其中，并与西班牙并肩作战，这将我们北美殖民地置于非常危险的境地。此时的议会由教友会掌管，州长托马斯[1]正在极力游说议会，希望议会可以通过一些军备议案和其他的保卫本州的条款，却以失败告终。我决心尝试建立民间团体来保障安全。为了这些，我提前印发了名为《明显的事实》的小本子，在里面强调了我们的没有防卫的现状，呼吁大家团结起来，积极训练，求得自保，并拟定在几天内组成团体，并让大家为这个共同的目的而签名。这本小册子很快就取得了成效。有人来找我要求加入团体，我联合几个朋友商定下草案，就在前面提到过的公共礼堂里面开了一次市民大会。开会的时候，人们把礼堂挤得水泄不通。我们预先印刷了志愿书，又分配了笔和墨水。我们先向他们大声宣读主题，再进行解释，接着派发印刷品，他们没人反对，纷纷签了字。

散会后，我们收回了志愿书，清点后发现，有超过1200个人签了字。另外还有不少志愿书被分发到其他地方。等到收齐所有的志愿书再进行清点，发现签字的人数超过了一万。大家马上自己备好军械，组成很多中队以及大队，推选各队长官，每周集合一次，进行执枪和其他军事训练。妇女们也捐出丝绸旗帜送给各个团队，上面有着各式各样的标记和口号，那都是我定的。

不久，各队的长官进行了一次集会，决定合并为费城民团，并推举我为上校团长。不过我自认不够格，就推辞了，并举荐了劳伦斯[1]，因为他出身名门，有很高的声誉。大家都赞同了我的提议，于是劳伦斯就担任了这个职务。我提议印发彩票，用来支付在城下修筑炮台以及准备大炮的花费。彩票的销量很好，炮台也没多久就竣工了。我们的炮眼是木头做的框子，中间填充了土石。我们从波士顿购置了一些旧炮，可是还无法满足需要，我们只好又发信件到英国去购买，希望我们的殖民宗主国能够伸出援手，但是显然这是我们异想天开，因为英国人并不想看到我们拥有大炮。

于是，劳伦斯上校、威廉·爱伦、艾布拉姆·泰勒和我都被派往纽约，去跟克林顿州长借炮。一开始，他严词拒绝。不过在同僚聚餐时，出于那边的风俗，大家都喝了不少马德拉葡萄酒，他的语气也慢慢软了下来，说可以借我们6尊。又多喝了几杯后，他就同意借10尊了，到了最后，他欣然允诺

---

[1] 于1738年到1747年担任宾夕法尼亚州州长。

[1] 托马斯·劳伦斯，纽约人。

借18尊。那些炮都是精品，可以发射18磅的炮弹，而且带有炮车，移动作战也不成问题。我们马上把大炮运了回去，安装在炮台上。在英法战争期间，我们一直都在炮台守着，在这段时间里，我跟普通的士兵一样准时值班。

州长和参事会对我的筹划能力十分推崇，他们当我是可信赖的人，并跟我讨论一切有关于民团的相关措施。为了能得到宗教的支持，我提议设立斋日，用来向上帝祈祷。他们也接受了这个提议，不过，由于在本州内斋日的提议尚属首例，州秘书没有可参考的前例，不知道怎么写通告。我在新英格兰学习的时候，那边每年都有斋戒，于是这点经验又派上用场了。我按照那里的传统格式起草后，又将其译为德文，用两种文字印刷出来同时在全州发行。这件事给了各派的牧师一个倡议他们的信徒参与民团的机会。要不是马上就要停战，那么教友会之外的派别都会参与进来。

我的一些好友觉得我做这些事情，将会受到教友会的反对，进而失去在州议会立足所依赖的力量，因为教友会掌控着议会。有一位青年绅士在议会中也有一些朋友，他想代替我成为议会秘书，还告诉我说议会已决定下次推举时不再选我为秘书。于是，他好心劝我自己辞职，那样就不会像被辞退那么难堪。我的回答是，我曾看过或听过一位政治家的原则，就是不祈求一个职务，但也不会推辞。我说："我是赞同他的原则的，我也将会这么做，但是还要加上一点：我绝不祈求，绝不推辞，也不会辞职。要是他们想把我的职位交给别人，他们可以将我辞退，但我不可能拱手让出来，而且我也不会因此找寻时机向我的对手报复。"自此，我再也没听到过类似这样的事。下一次选举时，我还是毫无悬念地当选了，并且是全票通过。历届州长和其参事会在军备问题上与州议会一直存在着较大分歧，双方一直在较劲。或许是因为州议会议员不喜欢我的参事会走得太近，他们想让我疏远他们，但却无法找出理由将我辞退，显然总不能以我热心民团来辞退我吧。

其实，我确信州议会中没有人会反对建立防卫队，只不过他们不会对此伸出援手罢了。毕竟，他们还是有很多人支持自我保护的，只是不支持进行侵略战争罢了。还有不少关于对这件事的支持和反对意见的小书籍发布了出来，有几本赞成防务的是出自于那些优异的教友会信徒之手。我坚信他们中的大部分年轻人都是能够被劝说的。

通过成立救火队这件事，我已经清楚了教友会信徒的心理。为了支持建筑炮台，有人提议把我们当时用于建设救火队的60英镑拿出来买彩票，但是依据我们的规章，在下届大会召开之前，这笔款子是不能动的。救火队里共计30个人，其中教友会信徒就占了22个，其他教派的只有8个人。在对此事进行商讨时，我们8个都按时与会。尽管我们可以说服几个教友会的成员加入到我们的阵营中来，但是我无法保证这一主张能否得到大多数支持。最终结果是，只有教友会教徒詹姆士·莫里斯① 表示反对。他说他觉得很无奈，居然会有这样的议题出现。按照他的说法，大部分的教友会② 成员都很反对这样的做法，而且这样的矛盾甚至可能导致救火队解散。我们解释说，后果不会那么严重，因为我们占少数，只要持反对意见的人比我们多，那么按照章程，我们一定是少数服从多数的。等到我们讨论这件事的时候，就应该就行表决了。但是按他说的，一定还有持反对意见的人还没有到，我们应该再等一会儿，等到所有人都参加的时候再进行表决，那样才算得上是公平。

正在我们讨论的时候，一个服务生过来跟我说楼下有两位绅士想见我。我下了楼，发现找我的原来是救火队里的两位教友会信徒。他们告诉我，有8位教友会信徒在附近一家酒馆，他们说如果有需要的话，他们可以支持我们，但他们并不想把事情闹大。假设我们可以在没有他们的情况下办成这件事的话，最好就不要让他们出面了，毕竟如果他们支持了我们的话，就会受到会里的长老和其他朋友的责难。如此一来，我们就已经可以确保我们会拿到大部分赞成票了。于是，我上楼后假装犹豫了一下，然后才同意推迟一小时。这让莫里斯先生特别高兴，谁知道他那些教友并没有出现，这让他很是惊讶。到了约定的时间，我们以8比1的结果通过了该提议。而且在22个教友会信徒里，有8个预备投赞同票，另外13个，通过缺席表明了立场。我事后统计了一下，教友会信徒真正表示反对的只有莫里斯。因为他们均是该教的忠实成员，而且有着很高的社会声誉，也很关注会议上提出的提议。

声望极高且富有见识的詹姆士·洛根③，他一直是教友会信徒，他特地写了一篇文章给教会，以表明他赞同我们的立场，文章中还运用了许多的实

---

① 议员，也是一名贵格会信徒。
② 即贵格会。
③ 殖民地政治家，曾经为威廉·佩恩的秘书。

例进行论证。他亲手把60英镑交给我用于购买彩票，以支持炮台的建筑，还再三叮嘱，如果他买的彩票中奖，所有的奖金都要用来修筑炮台。他跟我讲了他的旧主威廉·佩恩的一些事——有关自卫战的。他年轻的时候担任了威廉·佩恩的秘书，他们一起从英伦偷渡过来。那时候恰逢战争，一艘军舰把他们的船误认为敌船，所以穷追不舍。当时船长准备反抗，不过又跟威廉·佩恩和他的教友会随从提出不需要他们的援助，让他们进舱躲避。除了洛根，其他人都躲进去了，船长就安排他去看守炮台。后来表明非敌人的身份后，危机也就解除了。

不过当洛根下去传达消息的时候，却受到了威廉·佩恩的严厉责骂。威廉·佩恩责怪他逗留在上面，还帮忙抵抗，这样的做法违背了教友会教条，而且船长也没要求他做这样的事。洛根被当众责骂后感到很生气，他应道："我是你的仆人，你当时怎么不强令我下来呢？而且当你身处险境的时候，恐怕你想的更多的是让我去抵抗吧！"

我在议会待了好几年，里面大部分都是教友会信徒。我曾经多次见到，每次国王要求他们帮忙准备军用物资时，他们鉴于自己的不战主义而左右为难。他们既不想过于明显的拒绝，导致和政府闹僵，又不想因为违背教条导致受教友排挤。教友会的大部分人，便找了各种各样的借口推辞，实在推辞不过去，就用自欺欺人的办法遮掩过去。最常用的是以"献给国王使用"的名义拨款，但是，他们并不过问钱的用途。

不过这句话也不是万能的，至少当不是国王直接下命令时就不适用了，于是，他们又想出了其他借口。比方说，由于缺少火药（或许是献给路易斯堡[①]守护军用的），新英格兰政府请求从宾夕法尼亚调些过来，请州长托马斯督促议会执行。但是由于火药也是用于战争的，所以议会并不批准。最终，他们投票表决，决定拨3000英镑给新英格兰，交给州长，用于采购粮食、面粉或者其他粒状物的东西。有些参事会的成员提议，让州长以不需要这些东西为由拒绝粮款，不过却得到了州长这样的回复："我会接受，因为我清楚他们的意思，其他粒状物的东西即为火药。"最终，州长用这3000英镑换来了火药，并且没有人追究这件事。

---

① 位于布雷顿角岛，1720年建立。

当我们因无法使用救火队款项购买彩票的事忧心时，我就想到了这些事。我曾跟同在救火队的好友辛格先生说："假设这个提议被否定，那我们就提出要买一架火机。教友会应该会同意的。接着我们互相推荐，监督采购事宜，那样我们就可以去买大炮了，毕竟这也算火机啊。"他是这么跟我说的："我发现你在议会里的确是有所长进了，你说的简直可以跟他们的'粒状物的东西'相媲美了。他说的小麦等同于火药的一样。"

教友会之所以会陷入这样的窘境，是因为他们早先公布过这样一条教条，"没有什么战争是合理且道德的"，既然公布出来了，想要改动也就不是那么容易的事了。他们这样如履薄冰让我想起德国的一个浸礼会派①。浸礼会派刚刚传到美洲的时候，我就认识了其创始人之一的迈克尔·韦尔费厄。他跟我埋怨道，他们受到其他教派的狂热信徒的攻击讽刺，这些人把一些不讨人喜欢的教义和行为方式强加在他们身上，但是这些东西跟他们本身没有瓜葛。我跟他说，对于新的教派来说，这样的情况很正常，想要扭转局面，就要公开他们的教条和规章。他说他早就和教徒们说过了，可是教徒们不同意，原因如下："我们刚刚成立的那会，上帝给我们恩泽，让我们清楚，我们原先奉为真理的东西其实是错的，而我们觉得是谬论的却是正确的。他总是赠送我们更为长远的光明，我们的教条也越来越先进，错误也越来越少。如今，我们不敢托大说自己已经达到了光明的顶端，学识达到了极点。而且我们也担心，如果我们的教条印发出来，我们就会被限制住，可能也就不乐意改进了，而且我们的后代也会觉得他们的前辈以及创始人既然这么做了，那这些东西就神圣而不可以违背。"

在人类历史上有过很多教派，但是像浸礼会这样谦逊的恐怕独一无二。其他教派的人总是觉得自己的教条是绝对正确的，其他人都是错的。就像在雾里旅行的人，他看自己前面稍远的那些人都身处雾中，在他身后以及田野里的人也都身处雾中，只有在他身边的人才比较清晰，事实上他和其他人一样都身处雾里。为了避开这样的窘境，教友会信徒在这几年里慢慢地对议会以及政府公务保持淡漠的态度，情愿不要权力也不愿意违反自己

---

① 原是英国清教徒的一个宗派，17世纪分离出来。在施洗的时候，要将全身浸入水中，因而得名。

的教条。

如果按照时间顺序，那先前我就该说起这件事了。1742年，我发明出了一种可以为室内取暖并且省燃料的火炉，只要有新鲜的空气流入就可以制暖。我还做了一个模型赠予老朋友——熔铁厂老板罗伯特·格雷斯，他开有一家铸造厂。他认为制造制作这种火炉的铁板一定能赚大钱，因为买这种炉子的人越来越多了。我还专门写了名为《新产品的宾夕法尼亚火炉的介绍》的小册子，用作宣传。我在书里详细阐述了该火炉的结构以及作用，说出了它比其他各种暖室器好的地方，还对这种火炉的用法等进行了说明，消除人们的疑惑。这本书效果不错。托马斯州长对这种炉子的结构表示赞赏，还答应给我几年专利，不过被我婉拒了。因为我一向认为，既然我们在其他人的发明中获利很多，那么我们也应该乐于以自己的发明为大家奉献，而且我们也要大方地去做这样的事情。

但是伦敦一个铁厂的老板在我的书里偷学了不少方法，自己进行了制作，还稍微进行了改动，这就导致了它原本的效用受到损害。不过他却因此获得了专利，还捞了一笔钱。除了这个人，还有其他人用我的发明去申请专利，但是有的却没能成功。对此，我并没有起诉他们，因为我讨厌争论，也不喜欢用自己的专利去赚钱。本州以及邻州很多家庭都用这种火炉，省了很多燃料。

签订和约后，战争结束了，所以我们也就结束了民团，这时我开始把目光重新关注在建造公共学院的事上了。首先，我把热心公益的朋友都聚集到一起，制订计划，我们的俱乐部就有很多这样热心的人；其次就是撰写和发行一本叫作《有关宾夕法尼亚青年教育的提议》的书。我们把它免费派给当地名流。过了一些时候，当然觉得时机成熟，他们已读过这本小册子，并且有一定的思想准备后，就立刻发起捐款活动，以筹集创立并维持这样一所学院的费用。而且我还规定，可以以分期付款的形式进行捐献，限期为5年，我觉得这样应该有更多人乐意捐款了。我坚信会如此，假如我没有记错，这笔钱估计不会低于5000英镑。

我在这个提议的前言强调了这个计划的创始人是几位热心公益的绅士，而不是我。我习惯了这么做，但凡关系到公众的利益，我都尽量不让别人知道我就是发起人。那些捐款的人为了计划能够尽快实施，就从捐款人中推选了24个董事，还指派弗朗西斯检察长跟我一同草拟学院的规章制度。大家都在规章上签字后，我们租下了一间屋子，聘请了老师，也就正式开学了。我记得那大概是在1749年[①]。

此后，学员人数不断增加，原来的校舍很快就不够用了。于是我们又开始寻找一块合适的地进行修筑，凑巧的是，刚好有一座已经建成的大房子，只要稍稍进行改装，就可以使用了。这座房子就是之前所说的听怀特菲尔德先生演讲的人所建的，至于我们是怎么把这座大会堂改为学校的，我会在下面说明。

这座大会堂是由各派各教的人捐款建成的，并且由特定的委员会管理，房屋和地基在该委员会手中。按照规定，这个委员会中各个教派的人势力均衡，以防止某个占据优势的教派将这个大会堂占为己用，导致违背了当时建造这座大会堂的初衷。该委员会是由各个教派派人组成的，即一个英格兰会信徒，一个长老会信徒，一个浸礼会信徒，一个摩拉维亚信徒等。如果委员会中有人离世，就从捐款人之中选人继任。碰巧该摩拉维亚信徒不受同事喜欢，所以在他去世之后，其他委员就打算不再找该教的人继任。于是争议就产生了，有什么办法可以避免委员会里有两个相同教派的人？

他们相继提名了几个人，但是由于上面的原因，都被否决了。终于有人提名了我，他说我诚实，而且是个无宗教主义者，因此他们选择了我。时间冲淡了当初大家建房子时的热情，如今的委员会很是窘迫，因为他们筹集不到钱来偿付地租以及建筑时的欠款。恰好，我同时担任学院和房屋的委员会委员，大大方便了两方协商，并最终达成了统一意见。房屋保管委员会将屋子转给校方委员会，后者则负责偿还债务，而且保证留出一间礼堂，作为传道士的临时传道场地，因为这屋子原本的用途就是这个。这样，一所给贫困孩子提供教育的公益学校得以维持。校方委员会由于承担了债务，也就拥有了房屋的所有权了。我们将高大的礼堂分成两层，上下都隔出了好几间小房间，作为教室，还买下了一点新的地基，建了一些辅助性的房子。一切都有条不紊地进行着，很快学生们就都搬了进来。我负

[①] 实际为1751年。

责和工人签约、采购材料，监督工作以及留意琐事。虽然担子很重，其实我是相当愉悦的，并且这些并不妨碍我正常的业务。早在1年前，我就与一位有能力、勤恳且真诚的朋友大卫·霍尔进行合伙经营，有了他来打理我的印刷事业，我可以把全部精力放在学校上。我很清楚他的品性，因为此前他给我做了4年工。他承担了我看管印刷厂的工作，并且按时给我分红。我们的合作顺顺当当地维持了18年。

过了不久，校方委员会就从州政府申领了执照，变成了一个合法机构。随着不列颠的捐款增多，再加上农场主的土地捐款不断增加，学校的经费也越来越多。之后，议会也给学校拨了几笔款项，经过不断的发展，学校就演变成了如今的费城大学，在这个过程中，我一直都是学校委员会的委员。到现在为止，学校已经有将近40年的历史了。我最高兴的莫过于看着年轻人在这所学校里学习，不断进步，有的人因为服务于大众而获得了好名声，还为国家赢得了荣耀。

就像上面说的一样，我此时已不为自己的私人事务劳作，我认为自己已积累了相当的财富，尽管不是太多。我要把自己剩下的时间用于研究哲学，追求快乐。

斯宾斯博士是搞电气实验的，他从英国远道而来，宣讲他的学说。我非常崇拜他，就购买了一套他那样的实验仪器，高兴地开始做电气实验。不过政府认为我现在终于空闲下来了，就总让我去帮他们做事。政府的每个行政部门几乎都给我安排了职位：州长让我担任治安裁判；市政府则让我担任议会议员，没多久，我便被推为市参事议员；普通市民则推我担任州议会议员，让我在州议会中代表他们。其实我钟意最后一个职位，因为我曾是议会秘书，早就厌倦了听他们辩论而无法参与其中，只能无聊地闲坐在一旁，随手乱涂画点什么，画方或圆，或用其他自娱的方式打发时间。我觉得当了议员，我就有了更多做好事的权力。我没有什么可隐瞒的，也不会因为升官而变得野心勃勃。我应该觉得荣幸，毕竟我的出身并不是很好，能得到此职位，已经很心满意足了。而且我最开心的莫过于那么多民众拥戴我，这完全是他们自发的，而非我刻意营造出来的。

我对治安裁判的工作比较了解，我参加过几场审判，坐着旁听诉讼。不过我总觉得，我得掌握更多的民法学知识，才能更加胜任这一职位，所以我就借口州议会里还有更重要的事等着我去处理，慢慢地就不去了。我连续10年都担任州议员，这期间，我并没有求过任何人投票给我，也没有表达过希望连任的愿望①。而当我担任州议员的时候，我的儿子又成了议会秘书。

第二年，因为我们要在卡莱尔②和印第安人进行谈判，州长特意给议会发了一份文件，要求派出几个议员和参事会的几个人去进行谈判。于是，我和州议会的诺里斯议长就接受了这个任务，前往卡莱尔。

印第安人嗜酒如命，喝完酒之后就大声叫嚷，毫无规矩可言，所以我们严厉拒绝贩卖酒给他们。每次他们因为禁酒而发牢骚时，我们就这么回答，只要他们在签约期间禁酒，等谈判结束，我们可以送他们一些甜酒。他们同意了，并且也做到了。由于他们没喝酒于是签约进行得很顺利，我们两方都很满意。接着他们开始讨要甜酒，我们也按照约定给了他们。那是一个下午，他们男女老幼大概有100人，就在城外临时搭建的方形的草棚里居住。夜里，他们大声喧哗，我们去一看究竟的时候，发现他们在广场中间燃起了篝火，无论男女都醉酒了，还争执打闹。他们赤裸着的黑色上身，在忽明忽暗的篝火间隐约可见。他们互相追逐，摇着火把，还总是发出恐怖的高声呼喊，仿佛置身于我们幻想中的地狱。这种喧嚣一直在持续，我们也就回去了。半夜的时候，他们中还有一些人来到我们门口大喊大叫，索要甜酒，我们并未理睬他们。

第二天，他们清醒过来，觉得骚扰我们是不对的，就让三个年老的酋长来跟我们致歉。他们虽然承认他们错了，却又把罪过推到酒身上，接着又试着为酒开脱，说："上帝生产万物，那万物都有用处，既然它们是有用的，那总该派上用场。如今上帝生产了甜酒，他说：'这是为了让印第安人喝醉。'于是我们就遵守了。"确实，假设上帝要消灭这些土著，给殖民者腾出地方，那么显然甜酒就是为了这个目的而产生的，它已经导致最开始居住在海滨那边的印第安人灭绝了。

1751年，我的好友托马斯·邦德①医生，打算在费城开一间医院（事实

---

① 虽然富兰克林没有直接拉票，但是他总是让别人为他争取。
② 位于宾夕法尼亚。
① 富兰克林的医生。

上这个这么好的提议是他最先提出的，但人们误以为是我的功劳），不管患者是不是当地人，都可以入院治疗。他怀抱着极大的热情去筹集资金，但是由于美洲之前并没有先例，人们对此并不了解，所以成效不大。

最后，他找到了我，跟我说，他发现只要跟公益沾点边的，必须得有我参加，不然就没法成功。他告诉我："我募捐的时候，总有人问我：'有没有跟富兰克林讨论过？他是怎么说的？'我觉得这已经超出了你的工作范围了，就跟他们说没有与你商量，结果他们就以他们需要思考一下为由推辞了。"我向他仔细了解了该计划的性质以及预期的效果，他的回答很令我满意，我表示自己会捐助，还会积极帮他募捐。但是组织募捐前，我要花点心思在报纸上发表点相关的文章，为这个计划说说好话。这是我做公益前的习惯做的事，不过托马斯·邦德医生却没有这个习惯。

从那以后，大家都开始积极大方地捐赠，但是这种热情并没有持续很久，我觉得单单靠募捐集资是不够的，还得有议会的支持。所以我接着就提议申请州议会的补助金，并开始着手办这件事。代表乡村的议员，并不支持这一计划。在他们看来，这个医院只会造福城里人，所以应该由城里人独自出资，并且对于城里人是否会支持这一计划，他们也提出了质疑。我的看法正好和他们相反，我觉得会得到民众的大力支持，获得 2000 英镑的捐赠是完全可能的。但是在他们看来，我的期望太高了，根本不可能实现。

基于这点，我出了个主意：由我撰写一份提议书，满足捐款人提出的组成一个社团的要求，并给予一定的补贴。议会通过我这一提议的原因，是因为其拥有随时否决权。于是，我将重要的条款当成了条件："本议会同意捐款者选举出理事和财务人员，筹集到部分资金（这笔钱的年利息专门给在本院治疗的贫困患者，无论是食物、照看、还是诊疗及医药，全都免费），并给在任的州议会议长提供合适的证明时，州议长就应当签署命令，告知州财务人员，下拨 2000 英镑，分两期两年内付清作为医院的开办、修建和装修之用。"

有了这一条件，议会通过了这份提议。那些曾经表示不支持的议员发现，自己居然可以不花一分一厘，就成为慈善家，所以也不再反对。我们在公开募集的过程中，又加大力度把议会的承诺当作是一大优势进行宣传，导致人们捐款的数额大幅增加。如此一来，这个条约就起到了双重的作用。很快，捐款的额度就超过了我们所需的额度，我们就向政府提出了要求，并获得了赞助，这项计划就可以顺利进行了。

没多久，一座舒适又漂亮的大楼就建成了。根据我的经验，这家医院将会极大地造福社会。一直到现在，它依然在发挥作用。纵观我这一生，成功办成这件事是让我最欣慰的，每当回想起这件事，我非常容易就原谅了自己耍手段的行为。

差不多这个时候，尊敬的吉尔伯特·坦南特牧师来找我，请求我帮忙进行募捐，他想建一座教堂，供他下面的长老会信徒进行聚会。这些人以前是怀特菲尔德先生的教徒。我很坚定地拒绝了，毕竟我不想总是发起募捐，那样会很讨人厌。接着，他又想跟我拿一份曾经我认为是慷慨好捐、热心公益的人的名单。我觉得那些人再怎么说都是帮过我的，现在我又让别人去烦劳他们帮忙是很不好的，所以也没同意。他只好再退一步，让我传授一些经验。我是这么告诉他的："这个我很乐意告诉你。首先，你可以先去找那些你有把握能说服的人募捐；接着，再去找那些你没有十足把握的人，并向他们出示已经捐赠的人的名单；最后，也别漏了那些你认为完全没希望说服的人，很可能你的猜想出了错。"他笑着跟我道谢，并按我所说的做了。他拜访了每个人，最终居然筹集了一笔巨款，并借此建成了立在拱门街的高大宏伟的教堂。

尽管我们的城市看起来整齐且美观，道路宽敞笔直，纵横交错成直角，不过因为长期没有得到硬化。每逢湿冷的阴天，沉重的车辆开过总会把道路压得跟沼泽一般，人们很难通行。但是，在天气干燥的时候，却总是有扬尘。我以前的家离泽西街很近，我在那总能看到居民买食物的时候跨过泥泞，让我于心不安。后来，市场中央的那条路铺上了砖块，人们在市场里就不用担心泥泞了，但是在市场外面，还是一片狼藉。

我和别人就这个问题进行过讨论，也就此写过文章。后来，从住宅通往市场的那条人行道终于铺上了石板，这让人们不至于在去市场的路上弄得满脚泥水。可是只要有车子从市场外没有铺石板的泥路上过来时，它所夹带的泥水也会沾染到这条路上，而这些泥水并没有人清理，因为这个城市还缺乏环卫工人呢。

经过我的多方调查，一个贫穷但是勤恳的人愿意清理这条路，他每周工作两次，还要负责将每家门口的垃圾运走，对此，每家每月要拿出6便士作为酬劳。

之后我就印刷了一份宣传单，告诉大家，虽然6便士不多，却可以带来很多好处。比如人们回家的时候，脚上沾染的泥土就少了，家里也就比较容易清洁了；商家也能吸引顾客，因为顾客去他们的门店更加方便，就算遇到刮风，他们的货物也不会沾上灰尘等等。我送给每户一张宣传单，且三天两头往他们那里跑，看看有多少人自愿签订合同，上缴这6便士。结果，大家都签订了这份合同。之后的一段时间，这个计划一直顺利进行。居民们体会到这件事带来的便利，都非常愉快这使得全市的居民对铺路的渴望也普遍强烈起来，并且也愿意为此而上缴税务。

后来，我又向议会递交了修筑城内道路的提案。那发生在我前往英国之前，是1757年。但是等到提案通过的时候，我已经离开美洲了。同时税额的估算方式也有所调整，我个人认为不算很合理，但是值得欣慰的事，议案还提及了关于路灯的问题。

约翰·克利夫顿先生是一个平头百姓，如今已经过世了。他把一盏路灯装在了自家门口，向人们展示了路灯的作用。人们看到了他安装的路灯，才想到把这一做法推广到全城。但是人们把这件事归功于我，其实真正的功臣应该是约翰·克利夫顿先生。我只是学习了他的做法，并将路灯的样式进行了改进。与从伦敦引进的球形路灯相比，我们的路灯有所不同。伦敦的球形灯的缺点在于：它们下面的空气不流通，导致烟雾无法从上面排出去，只能滞留在球里面，进而妨碍灯发光；而且，每天除尘也是一件难事，一不留神就会把灯罩碰破，那样整个灯罩就废了。所以我就提出将灯罩改成由四块平玻璃制成，上面设置一条烟囱来排出烟气，下面开一个洞，促进空气流通，便于排烟。经过改造，灯罩就可以一直保持清洁，不像球形灯罩那样只能明亮几个小时，路灯也可以整夜照明。就算不小心打破了，最多也就打破一块玻璃，修补起来也不难。

我时常会想，为何伦敦人不模仿沃克斯霍尔用的球型灯的构造呢？那种灯在底部开了一个洞，用来保持干净。后来我才发现，原来伦敦的路灯下面也有小洞，不过其用处只是让麻线穿过去，垂下来，让火焰快一些到达灯芯，并不是出于空气流通的考虑。因此灯开了几个小时后，伦敦又陷入了黑暗。

说到这些改进，我就想起了在伦敦我跟福瑟吉尔[①]博士说起的一件事。在我认识的人当中，他是极为优秀的，而且也热心提倡公益。我那时候观测过伦敦的道路，晴天的时候无人打扫，尘土就那样积累着，等到下雨的时候一片泥泞。有的穷人会用扫帚开辟出一条小路，人们勉强能从这里穿行。几天后，人们要花费大力气把淤泥收集起来，倒到敞篷的马车中运走。只是车子一颠簸就会倒出一些淤泥，总会妨碍到路人。而伦敦人之所以不清除尘土，据说是因为怕尘土飞入沿街住户和商户的家里。

出于一次偶然，我才知道打扫街道原来花不了很长时间。有一天早上，我在我可瑞文街的住所门口遇到了一个贫困的妇女，她在用桦木扫帚打扫我门前的路。她脸色惨白，好像刚从疾病中恢复过来。我问她是谁请她帮忙打扫的，她回答："没有，不过，我太穷了，现在境遇也很糟糕，所以我帮一些有钱人打扫门口，可以得到一点回报。"我吩咐她把整条街道打扫干净，并许诺会给她1先令，当时是9点，12点时她就收工了。一开始我觉得她看起来动作不快，所以对她这么快收工表示难以置信，还派仆人去查看了一番，结果得到的答复是街道特别干净，尘土都在街道中心的下水道里。等下一次下雨，雨水就可以冲走这些尘土，那整条街道和下水道都会非常干净。

我暗自掂量了一下，那个虚弱的妇女清扫这么一条街道要用三小时的话，那么一个年轻力壮的小伙子，估计只需要用一个半小时就能完成。同时，通过这件事，我又发现，在道路的中间设一条下水道倒是要比在两边设下水道要方便一些。因为两端的雨水顺势流到中间，会形成相对较急的水流，可以把街道上的淤泥冲走。可若是雨水分到了两边，水流就没那么急了，不但没办法冲走垃圾，还把尘土化为了淤泥，如此一来，有车马经过时就会溅起泥水，街道脏兮兮的不说，还会溅到路人身上。于是我给那位聪明的博士献上了一些建议：

为了更好地使伦敦和威斯敏斯特街道保持干净，本提议雇用几名清道夫若干名。他们负责晴天扫去尘土，雨天扫去淤泥，一个人分管几条大街小巷。出于方便工作的考虑，他们要自己准备扫把以

---

① 约翰·福瑟吉尔，富兰克林在伦敦时曾经请他做医生。

及其他清洁用品，并固定一个地方存放，方便受雇来扫街的穷人使用。

在干燥的夏天，要在商户和住户打开窗户之前就扫完所有尘土，将垃圾聚堆放置，用封闭的车运走。

当把淤泥集到一起时，不要随意堆在可以被马儿和车子践踏到的地方，清道夫要准备几辆车，这种车子的车身不能装在车轮上，而是装在较低一些的滑盘上。车底做成格子，并用稻草盖上，淤泥放在稻草上，水就可以流出来，从而减轻许多的负重，要知道，水占了其中大部分的重量。这些车子要找一个合适的位置放置，用手推车把淤泥推过来，大车还是停在那里，等到水流干了，才让马儿拉走。

此后，我有点怀疑自己的后半部分建议是否妥当，毕竟有的道路较窄，把泥车停在那里容易阻塞交通。不过对于建议的前半部分——店家开门前就要扫走尘土，我认为在夏季非常适用，因为夏天昼长夜短。有一天早上七点，我从伦敦的河滨街和弗利特街经过，这时候太阳已经升起了三个多小时了，可是所有的店铺都还关着门。伦敦人宁愿活在烛光下，在太阳下睡懒觉，却还要抱怨蜡烛的税额和价格过高，简直太可笑了。

有的人觉得这些事情太小，不值得拿出来说。虽然尘土会飞进一个人的眼睛里，或者飞入店里，在有些人看来这些都只是小事，但是如果在一个人数众多的城市里总是发生这样的事就不能忽视了，他们也就不会怪那些"小题大做"的人了。人的幸福并不是因为突然之间遇到一件天大的好事，而是因为一点一点小好处累积而成的。如果你教一个穷小子怎么刮脸，怎么保存剃刀，你给他一生带来的幸福可能会比直接给他1000几尼所带来的还要多。钱可能很快就挥霍完了，留下的只会是对乱花钱的懊恼，不过换一种情形，他可以不用费时间等理发师，也可以不用接触他们脏兮兮的手，臭烘烘的味道以及锈迹斑斑的剃刀。他可以在最恰当的时间内做这样的事，每天都能感受刮脸的快乐。综上所述，我可以冒着被责怪的风险写下前面那些内容，希望能帮到这座城市的居民。我在这个城市度过了很多快乐的时光，并且我的提议也适合于其他美洲城市。

美洲总邮务长曾经特派我作为他的监察员，负责观察分局和巡视职员。他于1753年离世，我和威廉·亨特接受了英国总邮务长的任命，接手了这个职位。在我们上任之前，美洲的邮局没有给过英国邮局一分一毫的利润。假设我们能帮助邮局赚到多于600英镑，那么我们每年将可以得到如上数目的酬劳。想要有盈利，我们必须要改进一些东西。不过既然是改进，那前期就免不了得花点钱，因此前4年，邮局欠我们的工资多达900多英镑。不过很快，邮局就付清了这笔钱。在后文我会提到，英国的大臣们曾经试图要将我免职，可是他们突然发现，原来我们已经把邮局经营的风生水起。在这个时候，我们邮局上缴给英王的税是爱尔兰邮局的三倍。后面我会说到解雇的事情，不过在他们采取那样粗暴的解雇措施之后，再也没能从我们这里收到一分一毫！

因为邮局的工作，我还得到了去新英格兰的一次机会。当地的剑桥大学主动地授予我文学硕士学位。在这之前，康涅狄格州的耶鲁大学也曾经给我这样的机会[①]。因此，虽然我没有读过大学，但是我在自然哲学以及电学领域曾经做过一些改进以及发明为我赢得了大学的荣誉。

[①] 哈佛于1753年7月25日授予他荣誉称号，耶鲁是在9月12日。

第十章

1754年，英国与法国的战争一触即发。商务大臣命令各个殖民地派出代表，与印第安人6个部落的首领在奥尔巴尼会晤，共同探讨如何自卫。汉密尔顿州长也接到了这个命令，他马上安排议会准备合适的礼物，到时候送给与会的印第安人。与此同时，州长还点名让诺里斯议长、我、托马斯·佩恩和秘书彼得组成委员会，全权代表宾夕法尼亚参加本次会议。州议会对于这个提名并无异议，虽然议员们对于将会议的地点定在宾州以外的地方不太满意，但还是准备了相应的礼品。我们将在奥尔巴尼举行的会议定在了6月。

途中，出于对国防及其他重要事物的考虑，我拟订了一个计划，将联合各殖民地归于一个政府管理。路过纽约的时候，我把我的计划交给了詹姆斯·亚历山大①，还有肯尼迪，他们对于公众事务很有自己的见解。得到他们的肯定后，我信心满满，并在大会上提出了这个计划。

当时与会的代表中，有几位提出了和我类似的计划。我们先就此事的前提进行了讨论：有没有必要组建这么一个联邦政府？最后，大家一致通过了这一提案，并指定了一个委员会，其成员来自于每个殖民地。这个委员会的主要任务，就是制订这一联邦的各种计划和报告。我的计划进行小小的修改后，幸运地被采用，交予了大会。

根据这个计划，英王应该委派一个总统和一个大咨议会对联邦政府进行管理，该总统应受英王委托、支持，大咨议会应由各殖民地的代表在各自的议会中选举产生。各殖民地州议会的人民代表有权选举内阁成员。在这次代表大会中，代表们讨论的主要议题有两个：一个是与印第安人相关的，一个就是这项计划。虽然代表们各持己见，但是最后还是解决了所有棘手的问题，通过了这一计划，并抄送商务部和各州州议会。

但最后，这一计划却以一种奇特的结局而结束。各州州议会认为其拥有

---

① 纽约人，先后在纽约和新泽西任职。

的特权过多，所以反对，而英国政府却认为其过于民主。所以商务部不同意，也就没有上交给英王裁决了。这时候，有人提出了另外一个据说更符合要求的计划。该计划规定：练兵和修建炮台等各项事宜，由各州州长和部分参事协商决定；该计划所涉及的花费，先由英国国库支付，等到议会向美洲殖民地征税后再偿还。至于我的计划，以及我支持这一计划的原因，都囊括在我发表的政治论文里。

那年冬天我是在波士顿度过的。我和雪利州长[①]对这两个计划展开了好几次讨论，我的政治论文中也记载了我们谈话的部分内容。

我的计划遭到了来自不同方面的反对，而他们反对的理由居然截然相反，这就更让我坚信，这个办法非常中肯。一直到现在我都坚信，如果当年人们采纳了我的计划，大西洋两岸都会受益。因为如果按照我的计划进行联合，殖民地完全有能力自保，就不需要英国派兵，也就不需要再向美洲征税来偿还，从而可以避免因征税带来的一系列混乱。但是，这样的错误并非个案，历史上有很多错误都是国家和帝王犯下的。

> 纵观整个世界，能看清自己的利益的人有多少，或者看得清又能奋起直追的人又能有多少。

执政者手中的事情堆积如山，总会觉得考虑并落实一个新计划太麻烦。所以，那些国之良策很少是经过深谋远虑才被采纳的，大部分都是迫于形势才被采纳的。

宾夕法尼亚的州长将我的计划上交给议会，并大力支持。在他眼里，我做出了一个非常准确的判断，值得议会谨慎关注。但是，州议会的一位议员使用了一种狡猾的策略，他趁我不在场的时候使议会对这一计划进行了讨论，并草率地否决了它。我认为这种做法很不公道，上不了台面，而且这结果让我有些遗憾。

同年，我前往波士顿的时候，在纽约遇到了我的老相识——新州长莫里斯[②]，他刚从英国赶到这里。汉密尔顿州长受制于领主训令，经常会和州议

[①] 威廉·雪利，曾经两次担任马萨诸塞州长。

[②] 罗伯特·亨利·莫里斯，于1754年到1756年担任州长。

会产生摩擦，他对此不厌其烦，就辞职了，莫里斯就是来接替他的职位的。莫里斯问我觉不觉得他会在政坛上碰壁。我回答道："不！你只要注意一点，不要跟议会起任何冲突和争论，就不会有问题了。"他一脸高兴："亲爱的朋友，你怎么能告诫我不要去争论呢？你明知道这是我所喜欢的呀，是我最大的乐趣所在。不管怎样，还是谢谢你的告诫，只要有可能，我会尽量避免的。"他的确有资本喜欢争论，他口才极好，是位反应敏捷的辩手，所以在争论中，他有很大几率会取胜。据我所知，他的争论教育起源于他小时候，那时他父亲总是在饭后坐在桌边，教他的孩子们争论，以打发时间。不过我觉得这并不是明智之举，因为我观察到，那些乐于争论的人在工作中并不能占多大的好处。有时候他们能赢，但是却不能带来别人对他们的好感，而别人的好感毕竟是比较有用的东西。之后我们就分开了，他前往费城，而我前往波士顿。

　　回程时，我在纽约发现了州议会的决议案。从那里面我发现，他并没有信守承诺，而是正和议会发生激烈的争论。在他的任期内，他和州议会一直都是僵持着，一直都在争论。我也参与了其中。当我回到议会时，我就被委派负责答复他的演说以及咨文，在各个委员会的委托下开始了撰写工作。我们的复文跟他的咨文一样经常都是很辛辣的，甚至还总夹杂着脏话。人们总觉得在他知道了那些东西出自我的手后，我们再次相见，一定会剑拔弩张。但他的脾气却是很好的，所以我们并不会因为争辩而产生隔阂，还总是一同进餐。

　　某个激烈争论过后的下午，我在路上偶遇了他。他说："富兰克林，你一定要到我家，跟我一起度过这个夜晚，我会邀请几个朋友过来，你肯定会喜欢他们的。"说完他就挽着我的臂弯，带我去他家里。餐后的酒席上，他调侃地跟我说，他对桑乔·潘查的看法相当崇拜，如果让他当国王，他更愿意统治黑奴。这样的话，但凡有异议，他就可以把那些人卖了。坐在我旁边的一个人搭腔道："富兰克林，你怎么还是给那帮讨厌的教友会信徒提供帮助呢？为什么不卖了他们？领主们会开一个好价的。"我回答："州长还没能把他们抹得足够黑。"确实，州长在他全部的咨文里，总是极力往议会上抹黑（即诽谤），可是议会总是在他涂完之后很快地抹干净，最后加倍反抹回他的脸上。就这样，等他觉得自己已经快被抹得如黑人一般时，就跟汉密尔顿先生，对这些争吵感到无比厌倦而请辞了。

　　实际上，这种公开的争论，根源还在领主，他们是世袭的统领。每次为了防卫而负担费用时，他们比铁公鸡还要抠门。他们不择手段地要求他们的代理禁止同意收取必需租税的提议，除非该提议同意免除他们的税。甚至，他们还跟那些代理签约，让代理听命于他们。3年来，议会一直对这样不公道的行为提出强烈抗议，但是最后都不了了之。不过，前来接替莫里斯州长的丹尼上校①，却有足够的胆量拒绝这些命令。后面，我会再次说到那件事的起因经过。

似乎这里我说的节奏太快了，莫里斯州长掌权期间，还是有些事有必要好好说一说的。

从某种意义上来说，和法国的战争②已经打响。马萨诸塞州政府打算攻击克朗波因特（1755年），就派昆西③前往宾夕法尼亚，让波纳尔（后来成了州长）前往纽约，请求支援。我身处议会，较熟悉议会的事情，跟昆西又是老乡，他就让我多多关照和协助。我在议会宣读了他的申请，大家并不反对。州议会的法令决定，捐出1万英镑来添置物资。不过州长提出了反对意见（议案中还囊括了一笔献给英王使用的资金），除非加入领主的产业可以免税这一条款。州议会尽管乐意支援新英格兰，却不知如何实行。昆西极力地想获得州长的同意，但州长就是坚持己见。

于是，我提出如何不用州长插手也能办成的建议，即用信用单向贷款局预支钱，因为根据法律，议会可以预支款项。其实那时候贷款局的钱很少，甚至可能几乎没有，于是我提议这笔钱在一年之内提供即可，并承诺5%的利息。有了信用单，我觉得粮食就不难买了。我的建议被州议会采纳之后，信用单很快就印制好了。当时，我是负责指定签署以及推销这些信用单的委员之一，人们知道用全州纸币贷款利息和消费税的收入来偿付信用单的费用是绰绰有余的，所以他们不仅信任我们，支付购买物资的费用，而且当他们发现信用单的利息在任何时候都可以当现金使用时，还会将闲钱投入到信用单上。因此，不到几个礼拜的时间，这些信用单都销售一空。昆西先生得知后非常开心，因为通过我的这个办法，事情总算圆满解决，他的任务也顺利完成。所以他在给州议会的备忘录中表达了对我的感谢，我们也因此建立了深厚的友谊。

① 威廉·丹尼，于1756年到1759年担任宾夕法尼亚州州长，非常腐败。
② 1754年到1763年，以法国人失败告终。
③ 波士顿商人，后来和富兰克林成为朋友。

倘若按照奥尔巴尼的建议，各殖民地开始逐渐联合起来，那么殖民地就会拥有自己的防务，武装力量也会逐渐变得强大起来。这当然是英国政府不愿看到的现象，所以他们将布雷多克将军和两支正规的英国联军派遣到了美洲。军队在弗吉尼亚的亚历山德里亚登陆，并在那里稍作停留等候车辆，预备进军马里兰的弗立德里克。

当时，我们州议会从某些渠道接到消息，听说布雷多克以为我们州议会会反对他的军队，因而对我们州议会怀有很强烈的偏见。于是我被派以邮政总长的身份而非议会代表的身份去拜访布雷多克。我以和他商讨如何使他能够和各州州长又快又安全地传递信息为理由前去的，因为他也确实有这种需要。同时将各州州长要求他们承担邮寄费的要求带给他。

此次出行，我的儿子与我同行。我们在弗立德里克见到了布雷多克将军，彼时他正等待着前往马里兰和弗吉尼亚各地寻找车辆的副官们。为了能消除他对州议会的偏见，接下来的好几天我都待在他的身边，陪同他一起用餐，并告诉他为了帮助他作战，我们州议会做过哪些事情，并且还愿意继续竭尽全力协助他。

正当我要离开时，他们收集的车辆回来了，大概只有25辆车，并且其中还有好几辆已经破旧不堪了。这远远不够，他们至少需要150辆车。布雷多克将军和他的副官们都有些手足无措，甚至愤怒地指责英国政府无知，竟然让他们在这样一个缺乏交通工具的地方登陆。当时，我正巧提到了宾夕法尼亚，并告诉他们那里的乡村里，每家农户都有运货用的马车。

布雷多克将军连忙问我能不能帮助他借到车辆，于是，在与他协商过支付给马车主人的报酬，并准备好委托书和训令后，我便动身前往兰开斯特，然后立即刊登了一则广告：

广告

（1755年4月26日，兰开斯特）

大英帝国的军队将要在维尔斯克里克[①] 集合，现急需150辆马车、1500匹鞍马或驮马，其中每辆马车需配备4匹马。

---

① 位于马里兰西部。

布雷多克将军已将签订雇佣合同的任务授权于我,从即日起至下礼拜三晚上,我将在兰开斯特办理签订事宜,下礼拜四至礼拜五晚上,我将在约克办理签订事宜。另,我的儿子威廉·富兰克林也被授权在昆布兰郡与任何人签订此类雇佣合同。

详细雇佣费用与要求如下:

1. 配有4匹马和1车夫的马车,每辆马车每日可获得15先令;配有驮马马鞍和设备的马匹,每匹马每日可获得2先令;没有配备设备的马匹,每匹马每日可获得18便士。

2. 马车与马必须在5月20日之前抵达威尔港的部队,雇佣费用自加入部队当天开始算起,并且往返路程中会有适当的补贴。

3. 我和雇主会选定的公证人士对每一辆马车和马车队伍,以及每一匹鞍马或驮马进行估价,如果在服役期间有车辆、马匹丢失,将照价予以赔偿。

4. 签订合同时,如有特殊情况,雇主可先预支7天租金,余款则在合同解除时或根据其他需要在其他时间支付。

5. 无论在什么情况下都不能命令马车夫或是马夫履行士兵的义务,或者执行照料车马之外的工作。

6. 除了饲养马匹所必需的物品之外,由马车或马匹运送到军营的燕麦、玉米等其他饲料,均由军队依照合理价格收购。

本·富兰克林

《告兰开斯特、约克和昆布兰郡居民书》

亲爱的朋友们,同胞们!

就在几天前,我前往弗立德里克军营拜访布雷多克将军时,得知布雷多克将军和他的副官们正因为马匹与车辆供应不足的问题而十分恼火。

原本他们是指望宾夕法尼亚州能够给予他们帮助的,然而,由于我们州的州长与州议会意见分歧,我们既没有得到拨款,也没有为此采取其他应对措施。

这时有人提出,可以派遣一支武装部队前往本州各郡强征车辆、马匹,以及必要数量的人入伍,负责照料马匹。

我担心这一行动会给当地的居民们带来许多不便，尤其是英国士兵们正处于愤怒之中，于是我提议尽可能采取和平合理的方法来解决这个问题。正好我想到本州后部地区的居民曾向州议会抱怨过货币短缺的问题，于是我就想到了这个简单而轻松的办法，正好借此机会你们也能获得一笔数额相当巨大的金钱。

我简单地计算了一下，假如此次远征的服役时间长达120天（看上去也是如此），那么雇佣车马的费用就会超过3万英镑。他们将用英国的金银币来支付这笔费用。况且，由于需要运输货物，军队的行进速度不会很快，每天行走的路程也绝不会超过12英里，再加上为了方便保护车马、保护货物，无论是扎营还是行进过程中，这些车马都会安置在最安全的位置，所以这次远征行程既简单又轻松。

如果你们真的是如我所想的那样，是英王陛下最忠实最善良的臣民，那么现在就是一个向英王陛下效忠的绝佳时机，何况这件事对于你们而言也很容易。当然，如果有些人因为忙着种庄稼而不能单独提供车马与马夫，你们可以试着三四家人联合在一起，一家提供马车，一家提供马匹，另一家提供马夫，然后几家人按照比例分享佣金。

但如果面对这样合理的安排和这样优厚的待遇，你们还是拒绝的话，你们对英王陛下的忠心就会受到质疑了。国王的命令必须执行。看看那些英勇的战士们，他们不远千里来保卫你们，如果你们真的对自己本应当尽到的责任无动于衷，而军队又必须配备好车辆和马匹，那么他们或许会采取强制性手段，到那时候你们就无处求助了，也不会有多少人愿意同情你们、帮助你们了。

这件事对于我而言，并没有什么特殊的利害关系，我只是为了行善助人的愿望罢了，而且我还为此身心俱疲，四处奔走。但如果通过这样和平合理的办法还是无法解决车辆和马匹短缺的问题，那么两周之后我只好向将军汇报情况了。到那时候，或许轻骑兵约翰·圣克莱[①] 将军会率领他的士兵抵达宾夕法尼亚征集马车，这并不是我想看到的，相信你们也是。

本·富兰克林

[①] 以凶狠著称。

我从布雷多克将军那儿领取的预付的佣金有 800 英镑之多，但这还远远不够，我只好又自己垫了 200 英镑。这次的征集任务很成功，两周之后我们共雇到了 150 辆马车和 259 匹驮马送到了军营。广告中曾说明，如果发生损失，要照估价赔偿。但是这些人并不认识布雷多克将军，他们担心万一车马遭到损失而得不到承诺的赔偿金，所以在他们的强烈要求下，我为这件事给他们做了担保。

我回到军营后不久，新的问题又来了。一天晚上，在用餐的时候邓巴[①]上校告诉我，这里有许多地区消费都很昂贵，这对于那些收入都不高的军官们而言无疑是种负担，或许在这次长途行军的路程中，就连必需的日用品都买不起，为此他很是忧心。

我能理解邓巴上校的担忧，也深表同情，所以决定帮他想想办法。但这些我没有告诉他。我想到委员会有支配部分公款的权力，或许委员会能够帮到他。等到翌日上午，我给委员会写了一封信，希望他们能够为军队士兵提供一些食物以及日用品。

由于我的儿子曾经体验过军营生活，所以他给我列了一封清单，清单上清楚地写明了军营所需的饮食与日用必需品，我将这份清单一同附在了信中。

事情进行得很顺利，委员会同意了我的提议。当车马抵达军营时，由我儿子负责押运的日用必需品的包裹也随后送到了。共有 20 个打包得严严实实的包裹，每个包裹包含：

6 磅糖块	6 磅优质黑糖
1 磅优质绿茶	6 磅优质咖啡
6 磅巧克力	50 磅顶级白饼干
0.5 磅胡椒面	1 夸特[②] 顶级白酒醋
1 方格洛斯特奶油	1 桶优质牛油（约 20 磅）
2 打马德拉葡萄酒	2 加仑牙买加酒[③]
1 瓶芥末	2 只精制火腿

---

① 托马斯·邓巴，1755 年接替布雷多克。

② 英国容积单位，相当于 290.95 立方分米。

③ 朗姆甜酒。

0.5 打腌牛舌　　　　　6 磅大米

6 磅葡萄干

　　20 个包裹和驮包的马匹分送给了 20 个军官。收到这些礼物的军官们表示非常感激，还有两个联队的军官写信给我，向我表达了衷心的谢意。

　　看到我带来了车辆马匹，布雷多克将军十分满意。他马上偿还了我之前垫付的 200 英镑，并向我提出了继续协助他运送粮草的请求。我答应了他，并开始着手购置军需。直到接到他战败的消息之前，我总共为他的军队垫付了 1000 多英镑。幸好我是在战役开始之前将账单寄给了他，他立即给我寄回了汇单，让军需官还给了我 1000 英镑，但剩下的钱我再也没有收回了。

　　在我个人看来，布雷多克将军是一位非常勇敢的人，也是一位非常优秀的军官。然而他的自信终究导致了这次战役的失败——他高估了自己军队的作战能力，同时又低估了印第安人以及殖民地人民的作战能力。并且，他还怠慢了他军队中的印第安语翻译乔治·克罗根和那 100 名印第安人士兵。假如他能好好对待这些印第安士兵，那么就可以派遣他们勘测地形、当向导等等，这对于军队是非常有好处的。这样做的后果就是导致他们脱离了军队。

　　其实，在战役之前我曾和布雷多克将军有过一次谈话，他将他的一些作战计划告诉了我，他说当他率领的军队攻下杜肯要塞以后，他就会带着军队向着尼亚加进攻。如果能攻下尼亚加，他就继续进军弗伦特纳克①。在他看来，只要杜肯要塞被攻下了，后面的事情就会非常顺利了。

　　对于他的想法我是持怀疑态度的，同时也是非常担心的。因为他所带领的队伍一旦路经那条狭长的小路时，整个队伍必然会因为地形被拉得很长，这样是不利于作战的。况且我在书中曾看到过 1500 名法国军队在入侵印第安人区时战败于此的记载，这样我就更加担心了。但我并没有反驳他，我只能告诉他："是的，将军，您率领的部队是这样的优秀，您和您的军队一定会顺利抵达杜肯要塞的，再加上杜肯要塞的防御工程还没有落成，拿下杜肯要塞对于您来说一定不是什么难事。我唯一有些担忧的是也许会有在半路伏击您军队的印第安人，想必您也知道印第安人擅长埋伏、偷袭。当您的军队行

---

① 即魁北克。

进在这条小路上时,队伍肯定会被拉得很长,这样您的军队就有可能遭受侧面袭击,并且会被切成几段,导致队伍与队伍之间来不及相互救援。"

我尽可能委婉地表达了我的想法,但却遭到了他的嘲笑,他认为我的想法是无知的,因为他所率领的军队是久经训练的正规军,那些野蛮的印第安人根本不值一提。对此我也没有再进行反驳,毕竟我没有和一位军人去争论他专业上的问题的能力。

然而,敌人并没有像我所担心的那样进行进攻,他们埋伏在离目的地9英里的树林和丛林后面,当先锋部队渡过河,停留在一块十分空旷的林地中等候全军过河时,他们突然袭击,凭借密集的火力首先向先锋部队展开了进攻。直到这时布雷多克将军才知道,原来敌人就埋伏在他身边。

敌人突如其来的袭击让先锋部队乱了阵脚,布雷多克将军立即催促大军前去救援,但因为行进的队伍中还包含了车马等物资,于是整个部队乱成一团。那些骑在马上的军官就像是显眼的活靶子,被从侧面加攻的敌人逐个扫射,一个接一个地落马。可怜的士兵们听不到军官的指示,只能待在原地接受敌人的枪林弹雨,直到有三分之二的人都被打死了,他们在慌张地逃走了。赶车的人从牲口群中每人拉出一匹马,四散而逃,其他人纷纷效仿他们,这样所有的马车、粮食、大炮等东西都留给敌人了。布雷多克将军受了伤,而他的秘书瑟力先生则被打死了。

这一场埋伏,86名军官中有63人伤亡,1100名士兵中有740人阵亡,这一千一百多人是全军的精锐,其余部队在后方归邓巴上校统率。

敌人没有乘胜追击,于是逃走的士兵立即与后方由邓巴上校率领的负责押运大量军火、军需和行李的军队汇合,他们将战败的消息告诉邓巴上校,立即引起了军营的恐慌。尽管敌军至多才400多人,而他们还有1000多人,但邓巴上校并没有采取进攻,反而为了能腾出马匹帮助他逃回殖民地,命令士兵将军需和弹药全部就地销毁。他无视了弗吉尼亚、马里兰和宾夕法尼亚的州长们请求他将军队驻扎在边境,给予他们保护的请求,率领着他的军队一路退到费城——一个能让居民们保护他的城市,他才安了心。

这件事令所有美洲殖民地的人民忽然觉得,我们对英国正规军的赞美与推崇,其实是夸大其词了。并且,当他们登陆时,在经过各个村庄时还曾像强盗一样对当地居民进行抢劫掠夺,人们敢怒不敢言,因为稍有反抗就会遭到虐待和幽禁的下场。

这让我不禁想到1781年来过这里的法国人，在他们将近700英里的行军路程中，他们曾经过我们这儿人群最密集的地带，却没有向任何居民索要任何东西，哪怕是一只鸡，或是一个苹果，也不曾有任何一个居民抱怨过。足可见我们的法国友人是多么的不同。

布雷多克将军的副官奥姆[1] 上校也受了伤，他和将军一同获救，战后就待在了一起。他告诉我，他和将军待在一起的第一天，将军什么话都没有说，只是在晚上才说了一句："谁能想到这种事啊？"第二天他又沉默不语，只是说了句："下一次我们就知道要怎么对付他们了。"然而再也没有下次了，因为没过一会儿，他就永远地闭上双眼了。

战役中，将军的秘书也不幸牺牲了，他所携带的文件中有将军所有的命令、信件和训令，但最终都落入了敌人的手中，并被挑出几份翻译成法文印刷发行，借此证明英国人早在宣战之前就早有敌意了。

在这些发表的文件中，我看到了将军写给内阁的几封信件，在信中他向内阁大力推荐我，并毫不吝啬地赞扬了我在这次军事行动中的付出，希望他们能注意到我。将军的秘书戴维·休姆[2] 几年后做了当时驻法公使侯德福勋爵的秘书，后来昆威将军出任国务大臣时，他又做了他的秘书。他也告诉我，说他在国务大臣的档案中也看到了布雷多克将军的信件，其中也大力推举了我，只可惜由于这次战役失败，我的协助并没有什么价值可言，是以这些推荐对我来说并没有什么影响。

我并没有希望能得到什么回报，我当时只请求过布雷多克将军能停止再继续征募契约奴仆，并将已经征募的人释放。我的请求和快得到了同意，一些契约奴仆很快回到了他们的主人身边。

但是等邓巴接管过军权后，我的请求却遭到了他的敷衍。当他率领他的军队一路逃到费城时，我特地前往费城去请求他释放3个兰加斯特的穷苦农民家的仆人，并告诉他这也是已经逝世的将军的命令。当时邓巴上校向我承诺，他的军队不久后就要向着纽约出发了，途中会路经特伦顿，那些奴仆的

---

[1] 罗伯特·奥姆，1790年辞世。
[2] 苏格兰历史学家、哲学家。

主人可以前往特伦顿带走他们的奴仆。于是，接到消息的农民们只好自己掏钱大老远跑到特伦顿去索要自己的奴仆，却遭到了邓巴的拒绝，这让他们大失所望。

除此之外，雇佣车马的事情也让我陷入了极大的困境之中。战败的消息很快传开，那些车辆和马夫的主人找到我，纷纷向我索要赔偿。我只得告诉他们赔款在军需官的手中，但必须要雪利将军发出付款的命令才行，我已经给雪利将军写信申请了赔偿，只是路途太远，还需要再等几天。

但我说的话并不能让这些物主们满意，有人甚至已经对我提出诉讼了。万幸的是后来雪利将军派人前来解决了这件事，并支付了多达20000英镑的巨额赔款，将我从这场困境之中解救了出来。如果要让我个人赔偿，我一定会倾家荡产的。

战败的消息还没有传来的时候，曾有两位姓邦德的医生来找我，他们带着募捐书，向我说明了来意——希望能在布雷多克将军的军队顺利攻占杜肯要塞之后，举办一场规模盛大的烟火，庆祝他们得胜归来。我严肃地告诉他们，等我们接到他们胜利的消息再来筹备也，时间也足够。

他们很是惊讶，其中一个人立即问道："难道你不觉得胜利就在眼前吗？不过是一个小小的炮台，难道还攻占不下来吗？"

"我并不是这个意思，但是战争中有许许多多不确定的因素，胜负难料。"我将我怀疑的理由告诉他们了，这次募捐活动也就此作罢。不过也幸好活动取消了，否则万一准备好了庆祝胜利的烟火，却接到了战败的消息，他们一定会非常后悔。在此后的另一个场合，其中一位邦德医生说，他非常不喜欢富兰克林的凶兆预感。

第十一章

早在布雷多克将军战败之前，莫里斯州长与州议会之间就一直处于纠缠不清的状态。

起初他不断地写咨文，希望能借此让州议会通过本州的防御经费，免征领主财产税，并且，由于州议会的所有议案中没有能豁免领主财产税的条款，也被他一并否决了。后来战败的消息散开，危险和防务的需求更加迫切，他就开始加紧对州议会的进攻。此时，他认为自己的胜算已大大增加了。而州议会依旧坚持己见，他们不愿意因为修改财政法案而放弃手中的一些权力。

在最后一批议案中有一个拨款5万英镑的议案，议案中说道："一切动产和不动产都得征税，领主财产不得例外。"而州长的建议中只是将其中的"不"字去掉了，但这样整个议案的意义就发生了实质性的改变。

我们一直在给我们的英国朋友邮寄关于州议会对莫里斯州长咨文的回复，当战败的消息传到英国后，他们开始指责领主，认为领主对他们的州长所发出的训令是非正义的。在一片哗然声中，有人指出，既然他们破坏了殖民地的州防御，就丧失了对殖民地的权益。领主们受到舆论的压力，没办法只好发出一道命令：不论州议会通过多少防御经费，他们从一年的收益中捐出5000镑。

州议会接到了这项通知，并把这5000镑作为他们的应缴税金，同时还通过了附加的一项带有免税条款的新议案。议案一经通过，我正好被委任为负责该项拨款有60000英镑的经费的委员之一。

我参与了这一议案的起草工作，并积极使它通过。此外，为了能建立、训练义勇军民兵，为了能组建民兵所需要的团练，我还起草了一份议案和一篇对话[①]，在对话中我将我所能想到的反驳意见逐一列出，并给予了答复。这个方法很奏效，议案在议会中几乎没有受到什么阻碍就通过了。

---

① 这篇对话和议案刊登在1756年2月3日的《绅士》杂志上。

后来，城市和乡村的几个连队开始组建训练，我接到了州长的邀请前去西北前线负责此项军事任务，主要负责组建民团、修建炮台以及保卫当地居民。西北前线是一个危险地带，那里常有敌人出没，尽管我认为自己并不具备担此重任的资格，但我还是接受了委命。同时我还拿到了一份全权委任状和一包空白的军官委任状，以便随时颁发给具有才干的人。

组建民兵并不是什么难事，很快我就组建起了一支多达560人的民兵队伍。我的儿子作为我的副官也跟随着我一起，他曾参与过攻打加拿大的战争，还是一名军官，在军事上他能给予我很大的帮助。

我知道有一个名为纳登赫特的村庄，当地居住着摩拉维亚派的教徒，虽然居民已经被印第安人残忍屠杀，就连村庄也一并被焚毁，但那里就是我此行的目的地——因为那里是一处修建炮台的绝佳地点。

我和我的部队先在伯利恒集结，这里的防御好到令我惊讶，房屋是用栅栏进行防护的，当地居民从纽约购置了武器和弹药，房子和窗户之间还堆着给妇女们用来砸向敌人的铺路石。在这里，教徒们就像驻军一样，全副武装，轮流防守着。我想大概是因为纳登赫特的悲剧给他们造成了不小的冲击吧。

我在与斯潘根贝格主教谈话时谈到了这些，我知道因为议会的特许，他们可以不用在殖民地服役，所以我猜想他们对服兵役是持反对态度的。斯潘根贝格主教告诉我，他们最初获得特许的时候，有人和我想法是一样的，但是后来他们发现实际上只有非常少的人保留着这一信仰。对此我觉得，他们不是欺骗了自己，就是欺骗了教会。或许只有当危险来临时，人们是能克服心理上的一些怪念头的。

到了1月初，我们开始着手修筑炮台。我分别拨出两支负责修建炮台的小分队，一支派往米尼辛克[①]负责保护较高的地区，另一支则前往较低的地区，剩下的人则随同我一起前往纳登赫特。

为了帮助我们搬运粮草、工具和行李等物品，慷慨的摩拉维亚派教友资助了我们5辆马车。一切准备就绪，就当我们刚要离开伯利恒时，有11个农民跑来找我了，他们告诉我他们被印第安人从农场赶了出来，希望我能给他们一些火器帮他们夺回牲口。

---

① 位于米尔福德和斯特劳兹堡之间。

我在给他们每个人配备了一支枪和一些子弹后就带着我的队伍出发了，但没走多远，阴沉沉的天空就下起了小雨，一下就是一整天。我们一边前行一边寻找避雨的地方，直到傍晚时分才找到了一户德国移民的屋子，借了他们的柴房暂时躲雨。我们被淋得像落汤鸡一样，只能紧紧地挤在一起。幸运的是我们并没有遭到伏击，因为我们所配备的装备是非常简陋的，我所带领部队也不懂如何让枪杆保持干燥，所以正面交火我并没有什么把握。

就在当天那11个可怜的农民仅剩下一个幸存者，幸存者告诉我他们的枪管被淋湿了，开不了火，所以他的同伴们全部牺牲了。

到了第二天，天终于放晴了，我们稍作休整便接着上路，很快我们就顺利抵达了荒无人烟的纳登赫特。在这样酷寒的环境下，首先我们应当解决落脚的问题。我们在附近找到了一个锯木厂和几堆木板，利用这些木板我们很快就搭起了一些临时的营房。因为没有帐篷，所以修建营房是十分有必要的。解决完住宿问题后，我们顺便把那些只是被村民们草草收殓的尸体进行了妥善的掩埋。

修筑炮台的计划拟定好了，台基的位置也定好了，接下来就需要先用450根直径为1尺的紧密排列的栅栏将长达455英尺的炮台围起来。我们手里只有70把斧头，但伐木的工作很快就做完了，因为我的士兵都是伐木好手。我看了看时间，两个士兵砍同一棵树只需要6分钟的时间，一棵直径为14英寸的松树可以做成3根18英尺长的栅栏。

在伐木工作进行的同时，其他士兵们正忙着在四周挖壕沟，用来安插栅栏。我们将马车车身、连接前后两段辕杆的钉子和前后轮拆卸掉，分开组装，这样我们就有了10辆马车。每辆马车用两匹马来拉，用来运输已经处理好的栅栏，这样安插栅栏的工作就顺利完成了。

木工随后用木板在圈内搭建了一个约为6英尺高的踏脚板，方便士兵站在上面进行射击。我们将旋转大炮放置在一角上。一装好，我们就放了几炮，假如附近有印第安人，也好让他们知道我们有这样的装备。

我们搭建炮台只花了一个礼拜的时间，尽管天气时好时坏，经常下大雨，耽误我们的工作进度，但通过这件事，我发现我们的士兵都乐于享受工作带来的快乐和满足感。每当工作的时候他们都是心情愉悦的，相反，如果闲下来反而会经常发生争执，挑剔伙食，还不断地发脾气。

炮台虽然简陋，但是用来抵御没有大炮的印第安人还是足够的，我们可以借助大炮站稳脚跟，必要的时候还可以迅速撤退。防御设施安置妥当后，我就带着士兵们在附近展开搜索，虽然没有发现印第安人的踪影，但在附近的小山上，我们找到了他们隐蔽的侦查点。不得不说他们的装置做得十分巧妙，因为正值寒冷的冬天，要守在这里勘察必然是要生火的，但为了防止被发现，他们在地上挖了一些直径和深度约为3英尺的坑，用来生火的也不是树枝，而是用斧头从烧焦的木头上砍下的木炭。为了保持脚的温度，他们躺在洞里的草地上，让双腿悬挂在洞中。

没有火光，没有烟雾，这样隐蔽的方法，我们的确很难发现他们。不过目前看来他们的人似乎也不多，似乎他们也知道即使是偷袭也很难占到便宜，所以并没有露面。

我们将长老会的牧师比蒂先生请来当我们的随军牧师，但士兵们并不愿意参加祈祷，也不愿意去听训诫。为此我想了个办法，我们给每位士兵发放的除了饷银和伙食之外，还有一小盅甜酒，上午发一次，下午发一次。士兵们在领取甜酒的时候都会非常准时，于是我让比蒂牧师负责管理甜酒，他接受了这个职位。我又指派了几个人协助他分发酒，他祈祷完之后再分发酒。

事后比蒂牧师告诉我，这个办法非常管用，士兵们几乎都不会缺席，也不会延误时间，简直比用军法处罚更管用。

3个炮台的修建工作完成后，我们在炮台里储备了充足的粮草。这时州长来信通知我说马上就要召开州议会了，如果这边形势还好，希望我能回去开会。我在州议会的朋友也来信叫我回去。现在居民们在炮台的保护下已经可以安心地在农场里工作，于是我决定回去。正好有一位名叫克拉彭[①]的英格兰上校来访，他表示他在与印第安人作战方面颇有经验，也十分愿意留在这里担任指挥官，我就将委任状交给他，并在检阅驻军时宣读了委任状，将他介绍给士兵们。我相信就军事才能上，克拉彭上校会比我更出色。

他们护送我前往伯利恒，在那里我休整了几天。当我第一夜睡在一张舒适的床上的时候，我简直无法入睡，因这与前段时间裹着一两条毯子睡在纳登赫特的地板上的感觉实在相差太多了。

---

① 威廉·克拉彭，后死于印第安人之手。

在这里停留的几天时间里，陪同我的还有一些摩拉维亚派教友，他们待我十分友好，从他们身上我还大致了解了一些摩拉维亚派教友的习俗。比如他们是财产共有制，一起吃饭，一起睡在集体宿舍。我发现他们宿舍靠近天花板的墙角四周每隔一定距离都有一个气孔。我觉得如果是为了空气流通的话，开在上端是很合理的。他们聆听讲道时也会分已婚男子、已婚女子、未婚男子和未婚女子与儿童，然后分别召集。我还参加了他们的礼拜仪式，在教堂里，我欣赏到了用提琴、竖笛、箫和横笛等乐器携同风琴一同演奏的优美音乐。我听过一次他们向儿童说教。男孩和女孩分别由一位年轻男子和年轻女子引导，然后按顺序排队坐在凳子上。他们依据儿童的心智水平进行说教，口吻亲切愉快，像哄他们做乖孩子似的。他们纪律良好，但是脸色普遍苍白，仿佛健康欠佳。我觉得是因为他们是因为被关在屋子里的时间太长了或是运动太少了。

关于摩拉维亚派的婚姻习俗我也稍稍了解了一下，传说他们是采取抽签的方式来决定配偶的，但他们告诉我，这种抽签方式只会在特殊情况下才会使用。通常情况下，当一名年轻男子准备结婚时，管理他的长辈们会去和管理年轻女孩的老年妇女们商量，长辈们对自己学生的脾气都非常了解，所以能判断出最合适的婚配，他们的决定也会受到尊重。但如果同时有3个年轻女孩适合那个年轻男孩，这时就会采取抽签的办法。

我将我的不同看法告诉了他。我认为婚姻应该是由当事人自己选择，否择他们中会有人产生不满，但他们告诉我，即使让当事人自己选择，他们可能也不会幸福。当然，这也是事实。

不久后我就回到了费城，组建民团的事情进展非常顺利，除了教友会的教友，几乎所有的居民都加入了，他们还依照新的法律各自组建中队，并选出上尉、中尉和少尉。B博士这时来看我，他向我诉说他在宣扬民团相关法律方面所做的诸多努力，并且说这些努力已取得了重大成就。在此以前，我一直认为这一法律的通过完全是因为我之前的发表的那篇"对话"。但现在我觉得他说的也有其道理，所以也尊重他的意见。我想在这种情况下彼此尊重，互相吸取对方建议中的有益之处是最好的办法。事后，民团的军官们开会时，将我选为民团的团长。尽管我并不清楚他们到底组建了多少个中队，但我们共有1200名战士参加游行，中队的炮兵配有6门每分钟能开12炮的铜质战地炮，他们能灵活操作。

在我第一次检阅团队之后，炮兵们将我护送回家，并在门口放了几响礼炮以示敬意。礼炮将我电学仪器上的玻璃都震碎了，而我的荣耀和这些玻璃一样脆弱，我们的民团才刚开始就被英国政府废除了，同时被废除的还有我的军衔。

在我担任团长的这短短的一段时间内，有一次我要前往弗吉尼亚，团队中的军官们没有征求过我的意见就带着三四十个人，骑着马穿着军装来到我家门前准备护送我出城。事前我对他们的行动一无所知，否则我一定会加以阻止，因为我天生不爱张扬。更糟糕的是他们在护送时，还拔出了指挥刀，骑马持刀前行。有人将这件事立即报告给了领主，他在宾夕法尼亚州从未受到过这样隆重的待遇，就连他指派的州长也一样。在他看来，只有真正的王室血统的成员才配拥有这样的待遇，因此他非常不高兴。

关于礼仪规格的事情我一直都不是很清楚，但这一事件无疑大大增加了领主对我的敌意。早在之前的州议会上，我就针对领主的财产免税发表过一些言论，并且还对他进行了严厉的谴责。他对我早已有所不满，因此他向内阁控告我，指责我是利用在州议会中的势力反对合理的筹款议案，并将这件事上报，还以这次事件为由说我企图动用武力夺取他手中宾州的权力，希望邮政总长罢免掉我的职务。不过他的请求并没有任何作用，相反，他还换来了一顿训斥。

老实说，州长与州议会之间的摩擦从未间断过，身为议员的我夹在中间需要承担很大的责任。但万幸的是我和州长之间并没有发生过冲突，一直保持着良好的关系。我觉得他之所以对我不抱怨或很少抱怨，可能是一种职业习惯的结果，因为大家都清楚我是回复他咨文的执笔者。他曾是一名律师，也许他认为我们两人只是一个代表领主，一个代表州议会的律师而已，私人之间并无矛盾。因此，我们私下里偶尔会互相来往，相互之间提些建议。虽然不常有，但他有时也会接受我的劝告。我们还曾一起为布雷多克将军的军队采购过军需物资，当将军战败的消息传来时，州长连忙派人找到我，和他一起商量要如何防止边境城镇居民逃亡的对策。

我提出的具体的建议我已经记不大清了，我想我应该是建议他写信给邓巴上校，条件允许的话让他带领他的部队驻扎在边境保护居民，等待各殖民地的援兵前去救援。如果到时邓巴上校还要忙于攻打其他地方的话，等我来回之后他还可以命令我带领殖民地的军队去攻打杜肯要塞。

我对自己军事才能的评估并没有那么高，所以他提议任命我为将军时，我相信他对我的口头评价其实是超过了他的真实想法。或许在他看来，我的名望有助于征集士兵吧，并且我身为议员，在州议会中有些影响，能有利于拨款支付军饷而且此项拨款或许可以使领主免于纳税。

但我并没有他所想象中的那么热心，所以他的计划也只能搁置了，不久后丹尼上校就任，而他离任了。

在介绍这位新继任的州长之前，我想先说说我在学术研究方面所获得的日益上升的声望。

1746年，当时我人在波士顿，在那里我遇见了刚从苏格兰来到此地的斯宾斯博士，他向我展示了一些电气试验。尽管由于他的操作还不太熟练，这些试验并不是很完美，但对于我而言，他向我展示的题目足够令我惊喜万分了。

当我回到费城后，我们的订阅图书馆正好收到来自伦敦皇家协会的科林森[①]先生寄来的一根玻璃试管，上面还附有使用它的说明书。这对我来说简直是天大的好机会，我立即重复了斯宾斯博士向我展示过的实验。经过多次练习后，对于那些我从书报中看到的实验，我已经能很熟练地进行操作了。

我还让玻璃厂制作了几根类似的玻璃管，分给我的朋友们，让他们也参与进来。其中最主要的是我的邻居科金纳斯利先生，当时他正处于失业阶段，于是我就鼓励他和我一起表演实验赚点钱。我还为他写了两篇叙述实验的先后顺序、实验方法等内容的演讲稿，为此他特地购置了一套精美的仪器用作表演。我以前制作的粗糙的小工具，现在的机器制造商已经能做得很漂亮了。他的演讲有很多人来听，观众们表示非常满意，再往后他就开始周游各个殖民地进行巡回实验表演，并因此赚了些钱。但在西印度群岛，做这些实验是很困难的，因为那里的空气很潮湿。

我对科林森先生一直心怀感激，所以我特地给他写了几封信，告诉他我们用这根玻璃管所获得的巨大成就。随后科林森先生在皇家学会上读了我的

[①] 彼得·科林森，植物学家，英国皇家学会会员。

报告，但在那些行家们看来我的报告不值一提。

我曾替科金纳斯利先生① 写过一篇说明闪电和电是同一体的论文，我将它寄给了我的朋友，也是皇家学会成员的米切尔② 博士。他后来回复我说我的论文早已在会上读过了，但遭到了行家们的无情嘲笑。但是福瑟吉尔博士却十分欣赏我的论文，并建议将它印出来。在科林森先生的帮助下，我的论文被交到了凯夫③ 的手里，由他单独印刷成小册子，福瑟吉尔博士还单独为我写了篇序言。

后来，事实证明凯夫的头脑还是很精明的，因为加上我后面陆续寄过去的文章，那本论文集一再扩充，一共出版了5次，而他一次也没支付给我稿费。

起初我的论文在英国内并没有造成什么轰动，后来一次偶然的机会，驰名法国乃至整个欧洲的著名的科学家德布丰爵士④ 看到了我的论文集，他令达利巴尔先生⑤ 将它译成法文，然后在巴黎出版。

没想到的是这次出版令皇家科学导师诺莱特神父⑥ 十分愤怒，他也是一名出色的实验学家，之前更是发表过电气理论，在当时还十分流行。起初他以为这些论文不是从美洲过来的，而是他的论敌为了贬损他而捏造的，后来他才知道这些论文是出自于一个名叫富兰克林的人之手，并开始撰写、发表大量信札，为他的理论辩护，对我的实验、理论进行否认。

我也曾想过回复他，但我只是起了个头就放弃了，因为在我看来我的论文已经详细叙述了实验的方法，任何人都能进行确认核实，而论文中的中心观点并非绝对的教条，只是一种假设，所以我完全不用理会他。并且，我们之间在语言上也有所冲突，假如期间翻译有误，极有可能还会造成不必要的误会。

我认为与其给过去的事实辩护，还不如用这些时间来进行新的实验。所以我一次也没回复过他的信。后来事实证明我的做法是完全正确的。我的朋

---

① 费城一所学校的校长。
② 约翰·米切尔，英国博物学家，物理学家。
③ 爱德华·凯夫，出版《绅士杂志》。
④ 法国博物学家。
⑤ 法国物理学家。
⑥ 法国首席电学家，因为富兰克林质疑他的观点而进行反击。

友勃罗伊① 先生出面为进行我辩护，对他的论点进行批驳。他是皇家科学学会的会员。再到后来我的论文逐渐被翻译成意大利语、德语和拉丁语等等，我的学说也逐渐得到了欧洲科学家们的认可，甚至到后来还取代了诺莱特神父的学说。后来在诺莱特神父临死的时候说，他是他的学说最后的信奉者了。还有一个例外是巴黎的 B 先生，这位先生是诺莱特神父的传人。

但真正让我的论文得到广泛关注的，是书中提到的关于一个实验的成功。这个实验的目的是将云层中的电引到地下去，实验过程是由达利巴尔先生和德罗先生在马莱共同完成的，并引起了不小的轰动。尤其是当德罗先生的"费城实验"（德罗先生在费城讲授实验科学，并在自己的实验室里进行他的费城实验。这一实验在法国国王和王后面前表演后，引起了全巴黎的轰动）和我在费城用一只风筝做的类似的实验被记载到了电学史上时，我感到十分欣慰。

赖特② 医生不仅是一名医生，同时还是一名科学家，当时他正在巴黎给他的朋友——一个皇家学会的会员写信，信中提到了国外学术界对我实验的重视，以及他们对我的学术在国内没有受到重视的疑问。因为这封信，皇家学会决定重新考虑那两封曾经被嘲笑过的信件。

著名的立特森博士③ 将我曾经的论文和所有关于电气的通讯进行了简单的报告，并对我赞扬不已。后来立特森博士的这篇报告被发表在了他们的刊物中。当康东先生④ 用一根尖针将云层中的电引到了地下，证实了我的实验后，皇家学会便纠正了他们当初对我的轻视，为了表示歉意，在我没有申请的情况下，他们将我纳入了皇家学会，并减免了我的入会费。此后我将能免费享受他们给我邮寄的刊物。

值得高兴的是，我获得了 1753 年葛德弗雷·柯普立爵士的金质奖章。就在颁奖典礼上，会长麦克莱斯非尔特勋爵⑤ 还发表了演讲，对我进行了高度的赞扬。

---

① 法国物理学家，曾经发明了首个实用的发电机，还改进了避雷针。
② 苏格兰物理学家。
③ 英国博物学家，物理学家。
④ 伦敦科学家，是第一个尝试富兰克林电学实验的英国人。
⑤ 皇家学会会长，数学家，天文学家。

第十二章

那枚金质奖章是由我们的新任州长丹尼上校带给我的。就在费城为他举行的招待会上，他先表达了对我的敬意，并表示对我的品德早有耳闻，然后将奖章交给了我。

饭后，当宴会中的所有人开始喝酒的时候，他将我拉到了另一间屋子，然后告诉我说，他的朋友们都建议他能与我建立起良好的友谊，因为我能给予他最好的帮助，可以使他的政治活动顺利开展。因此他向我表达了他的意愿，并告诉我在任何情况下，在他的权力范围之内，他愿意尽力帮助我。

除此之外他还与我谈到了一些领主对于宾州友善感情的话，他说，如果能放弃对领主们长期以来的各种措施的反对，这样领主和百姓之间的关系就能重修于好，这样对大家都会有好处的。而这件事让我去做最合适，他表示他愿意支付我丰厚的酬劳，等等。

很快就有人发现我们不在餐桌旁，便立即让人送来了白葡萄酒，州长举杯痛饮，越喝越多，他的请求和许愿也就愈发多了起来。对此我只能诚恳地告诉他："感谢上帝，我现在的经济状况都还不错，所以我并不需要领主给予我任何恩赐，何况我身为一名议员，更无法接受领主的任何赏赐。但我与领主本身并没有个人恩怨，过去我之所以会反对他，是因为他所提出来的措施是为领主的利益服务的，对人民的利益却会造成很大的伤害。如果他提出来的策略不会损害人民的利益，我就愿意热情地拥护并赞同。"我说我十分感谢他（即州长）对我的好意，也衷心希望他在任期内能顺利完成所有的政治活动。同时，我希望他没有像他的前任那样带着不好的指示来，这些不好的指示曾让他的前任在处理事务时举步维艰。

对于我的这番话他并没有回应，后来当他开始与州议会打交道的时候，不好的指示又下来了，双方之间的矛盾和争执又像从前那样，我也依旧像从前一样，积极地反对他的政策。不过这并不会影响我们之间私下的来往，他是一个谈吐风趣的学者，曾去过很多地方，所以我们常常在一起交流。

他是第一个告诉我，我的老朋友詹姆斯·雷夫还活着的人，也是被认为是英国最卓越的政论家之一。他曾在腓特烈亲王和国王纠纷中被雇用过，并因此获得了一年三百镑的恩俸。尽管他作诗的水平不是很高，蒲柏在他的"愚人叙事诗"中就曾嘲笑过他的诗，但他的散文却被认为是第一流的。

后来州议会终于发现其实现在州长依然如他的前任一般受他的领主的控制，依然在坚定不移地执行那些不仅对人民的利益有损，而且对英王军备也有害的指示。所以州议会① 决定向英王控告他们，他们指定我去英国议会来进行这次活动。在这之前州议会曾经通过一个拨款60000英镑给英国的议案。其中10000英镑给当时的将军罗登勋爵使用，但州长却按照领主的指示拒绝批准。

我和纽约一艘邮船的船长莫里斯② 约好，搭乘他的船出海。当我将行李送到船上的时候，罗登勋爵却突然来到了费城。他告诉我他是特地被派来调解州长与州议会之间关系的，以免英王的军务因为双方之间的矛盾而受到影响，所以他希望我能和州长一起去见他。

于是我们见了面，并就这个问题展开了讨论。我依旧是代表州议会，提出了当时政府文件中的指出的各种分歧，那些文件本来是我起草的。接着州长用领主的训令进行辩护，他说他曾发誓会谨遵领主的训令，不然他就完了。

我想如果罗登勋爵规劝他不再遵守训令，或许他会愿意尝试冒险，但罗登勋爵并没有这样做，相反还恳请我利用我自身在州议会中的影响，让州议会顺从州长的指示。到了最后他甚至宣称他不能再抽出英王的军队来保护我们的边疆了，除非我们自己进行防御，否则必然会受到敌人的攻击。

会面结束后，我起草了一系列议决案，将这次会面的谈话向州议会做了汇报，申明了我们的权利，并宣称尽管这次我们是迫于强力的压迫而不得不暂时停止使用我们的权利，但我们绝不会放弃我们的权利的决心，并且还会继续提出了抗议。最后州议会同意收回原来的议案，通过了另一项符合领主训令的议案，州长也欣然批准了。

我原本可以如约乘坐莫里斯船长的船出海，但当我处理完这件事时，船

---

① 这个议案通过的时间已记不清了，富兰克林在原著此处标有"？"。
② 哈利法克斯号的船长。

已经载着我的行李开走了。我的劳碌只换来了罗登勋爵的一声谢谢，但调解成功的功劳全归他。

因为邮船的出发时间是由他安排的，所以在我动身之前他就去纽约了。这时港内还有两艘船，他告诉我还有一艘即将起航的船。我请他告诉我船启行的确切日期，他告诉别人的是那艘船将在下个礼拜六起航，但我最好礼拜一上午抵达这样的话就能赶上。他还叮嘱我不能告诉别人这件事。结果由于在码头上发生了一些意外，我抵达的时候已经是中午了。因为这天天气晴好，我以为船可能已经开走了，但万幸的船还没有开走，它还在港内，要等到第二天才能起航，我这才安下心。

大家和我一样，当时都认为马上就能到欧洲了，但是我不得不说我对罗登勋爵的性格还是不大了解。事实上，罗登勋爵最大的特点之一，就是优柔寡断。下面我将举例说明。

大约在4月初的时候我顺利抵达纽约，我想大概要等到6月底我们才会再起航，毕竟在当时，为了等到这位将军的来信，两只邮船都被扣留在了港内。就这样拖着，第三只邮船也到了。直到我们起航之前，第四艘邮船也快抵达了。然而据说造成这种结果的原因是因为将军总是说第二天就能把信写好，但他一直却没完成。

由于我所乘坐的邮船停留在港内的时间最长，所以最先起航。此时，所以旅客都在焦急地等待着，商人们也在为他们的信件和秋季货物的申请单（因为这是在战时）而担忧。但他们的焦急和担忧都只是徒劳，因为罗登勋爵的信还没有写好。有人前去拜访他，发现他只是握着笔坐在桌边，看上去似乎有很多东西要写。

有一次上午，我特意去拜访罗登勋爵，我在他的会客室看到了一个名叫伊尼斯的费城使者，他特意赶过来将丹尼州长送的小包递给将军，顺便将我朋友的几封来信递给了我。我于是问他什么时候回去，顺便帮我带几封信回去。他告诉我按照将军的指示，他明天上午9点会来拿将军给州长的回信，然后就会离开了。

我将信写好后当天就交给了他。两个礼拜后我再度碰到了他，我说："你这么快就回来了啊！"

他却告诉我他还没有动身回去，我很惊讶地问他"为什么呢，我看他是一个勤快的人啊，罗登勋爵不是一直在案头奋笔疾书吗？"然后才知道在这两个礼拜的时间里，他每天早上都会奉命来拿罗登勋爵的信，但他依旧没有写好。伊尼斯说罗登勋爵将军就像广告中的圣·乔治① 一样，骑在马上，却永远都不会往前迈出一步。

的确如他所说的那样，当我在英国的时候，这位将军被安麦斯特和乌尔夫两位将军取代了，原因就是因为陆军部长从来都没有接到过他的任何报告，甚至都不知道他干了什么。

我和所有旅客一样，每天都在等待船的起航。当时3艘邮船都要开到桑迪湾跟随舰队出发，于是乘客们都待在船上不下去了，以免船突然起航。结果我们一直在船上呆了大概6个星期左右，船上的食物都已经消耗一空了，只好再购置粮食。

后来船终于起航了，将军率领着他的军队坐船向着路易斯堡前进，预备攻下那里的要塞。而所有随行的邮船都必须守候着将军的船，随时接收他的公文。

然而我们一直在海上等候了5天的时间，才接到了他准许我们离开的公文。我们船离开了舰队，踏上了去英国的旅途。但是其他两艘邮船还是被扣留着，并随同他一起到了哈利法克斯②。在那里他停留了一段时间，并展开了向假设的炮台进行攻占的演习。后来他放弃了攻打路易斯堡的计划，并带着他的军队和那两艘邮船，包括邮船上可怜的乘客们再度回到了纽约。就在他离开的那段时间里，纽约的边境乔治堡③ 被法国人和印第安人攻占了，许多已经投降的士兵被印第安人无情杀害。

后来，我在伦敦遇见了当时被扣留的一艘邮船的船长尤得，他告诉我说："我的船被扣留了一个月后，我就去找罗登勋爵，告诉他船底长满了海藻和贝壳，会严重影响邮船的行驶速度，并且对船的本身也会造成很严重的影响。我请求他给我一点时间，将船拉起来进行清理。"

他接着说，"我需要3天的时间进行清理，但是他只给我一天的时间，无论如何他要求我后天必须起航。结果事情又被他一天一天的延误，等再起

---

① 英格兰的守护神。
② 英国殖民地新斯科舍的首府。
③ 位于纽约东北部。

航的时候已经是3个月之后的事了。"

在伦敦我还遇见了尤得船长船上的另一位乘客,他告诉我罗登勋爵欺骗了他,将他扣留在了纽约很久,后来又带着他到哈利法克斯待了一段时间,结果最后又再次将他带回了纽约。他毫不掩饰对罗登勋爵的痛恨,并表示一定会起诉他,要求他赔偿他的损失。最后他有没有提起诉讼我并不知道,但我相信他的损失确实很大。

当时我一直不能理解,为什么像罗登勋爵这样的人还能被委以率领军队那么重大的任务,但当我逐渐对世事有所了解,明白谋取职位、加官晋爵的方法之后,我就释然了。

在布雷多克将军逝去后,罗登勋爵在1757年的战役中轻率冒进,使国家蒙受了难以忍受的耻辱。他毕竟不像曾经接替布雷多克将军的雪利将军那样通情达理、精明睿智,能接受别人的忠告并做出正确的判断,执行速度也非常迅速、敏捷。他不会用他的大军去保护殖民地,相反,他还将他们暴露在敌人面前,而自己则跑到了哈利法克斯进行愚蠢的训练,导致了乔治堡的沦陷。我想,如果是雪利将军一直在的话,就不会出现这种情况了。

除此之外,我们的所有商业活动也被他搅乱了。他以避免让敌人获得粮草为借口,下令长期禁止物资的出口,实际上他是为了压低粮食价格,方便军队的伙食承包者受益,却没想到给我们的商业造成了严重的打击。不仅如此,因为这则禁令被撤销时没有通知查尔斯镇的居民,使得卡罗莱纳的舰队耽搁了3个月之久,船底遭受了蛀虫的严重侵蚀,大部分的船只在返程中不幸沉没于大海之中。

对于一个不熟悉军务的人来说,指挥一支大军对他来说确实有点负担过重了。我想对于被免职一事来说,雪利感到更多的应该是如释重负。他是乐于接受的。雪利被免职后,我曾参加了罗登勋爵的继任宴会,宴会上有许多军官和市民,以至于许多椅子还是从邻居那里借来的。而雪利正好坐到了其中一把很低的椅子上,我坐在他身边,说,"先生,你坐的椅子太低了。"

"没关系的,富兰克林先生。"雪利说,"我认座位低一点更舒服。"

我之前提到过我曾帮布雷多克购置过军需用品和粮草,在我停留在纽约的期间,他收到过我给他寄去的各种购置账单。但是在那之前,有一些账单我还没来得及从采购的人那里收回来,于是我将剩下的账单给了罗登勋爵,希望他能支付剩余的款项。罗登勋爵令人进行严格的核实，在确认这些账单准确无误之后才同意给我一张出纳的支票，但这件事被一再拖延。

虽然我经常按照约定去取支票，但却一直都没有拿到支票。直到我离开前他才告诉我说，"我仔细考虑了很久，我觉得还是不要将我的账款和前任将军的账款混淆了。我建议等你到了英国，你将账单交给国库就能拿到余款了。"

我于是告诉他，由于长期被扣留在纽约，我不得不再额外支出巨大的费用，何况我在采购时并没有支取佣金，所以我提出要立即拿到钱的要求，不要再拖延偿还的时间了。

然而我的要求并没有任何用处，他说，"我们很清楚，每一个跟军队采办有关系的人都会有办法从中获利，你不要觉得你能让我们相信你没有中饱私囊。"他说的的确是实话，我后来也确实听说了常常会有些人利用这种工作中饱私囊。尽管我再三保证，我并有从中获得一分钱，但他依旧不肯相信我的话，所以那些欠款我至今都没有拿到。

在我们的船起程之前，我们的船长向我们夸耀说他的船速度是最快的，但当所有船只开始航行时，我们却成了那96艘船中最慢的。船长为此很丧气，他猜想了许多导致船速度慢的原因，直到有一艘和我们行驶速度一样慢的船追上了我们，船长立即下令让连乘客在内的40个人去船尾旗杆附近待着，没过多久我们就追上了附近的一艘船并将它远远抛在身后。不得不说他的猜想很正确，因为船头放置了许多大水桶，导致船头负荷过重，船速才会变慢。当船长令人将那些水桶搬到船尾后，我们的船的确成了航行速度最快的。

船长自豪地说，他的船曾经达到过每小时行驶13海里[①]，但却遭到了乘客中的海军上校肯尼迪的否定，他说："您肯定是弄错了测线上的标度，又或者是投掷测线的时候出了什么问题，因为没有船可以行驶得那么快。"

于是船长和肯尼迪上校打起了赌，等到风力足够大的时候再进行测试。为了确保测试准确，肯尼迪上校亲自去检查了测线，并打算自己投掷测线进行测量。几天后，机会来了，那天的风力稳定而强大，船长说船速肯定已到了每小时13海里，肯尼迪上校就做了测量，结果是他输了。

---

① 1海里=1852米。

我记录下这件事是为了说明以下这一点。一艘新的船只建造好之后，需要进行试航才知道它是否是一艘优良的船。因为，虽然一般的船只都会严格按照模型仿造，但建造时，水手们装卸货物、装置帆的时候所使用的方法各有不同，所有船只的航行速度也会有所不同。同时，同一艘船在不同的船长的指挥下航行，其速度也是快慢不同的。并且同一艘船的制造、装备和驾驶并不是由一个人完成的，他们相互之间并不了解对方的思想和经验，所以如果将他们合在一起，也就很难得出正确的结果。

除了建造之外，在海上行驶时，我也经常能看到在不同的值班时间里，不同的船员在风力相同的情况下做出的不同的判断，如一个船员将帆扯得多一点，另一个船员扯得少一些，等等。

虽然看起来似乎无规律可循，但是我想或许我可以做一些实验，先确定最适合于快速航行的船只模型，再确定桅杆的最佳尺寸与位置，接着确定帆篷的样式、数量以及扯帆的不同方式，最后确定装货的方法。我相信通过这样一系列精心设计、相互配合的实验对未来船只的发展是极有用处的，并且在将来科学家们会继续从事这些实验，我相信他们会取得成功。

在行驶过程中虽然几次遭到了敌人的突袭，但我们的船速远远超过了他们，仅一个月的时间我们就行驶到了浅水区。经过准确的航海测量后，船长告诉我们现在船离法尔默思港口很近，如果我们在晚上加速行驶的话，不仅能躲避在海峡口附近巡逻的敌船，早上或许就能抵达港口了。

于是我们在船长的指示下，将所有的帆都拉了起来，趁着强大的风力我们向前行驶了很长一段。船长再次做了测量确定航线，他认为我们可以避开锡利群岛[①]。但是在圣·乔治海峡[②] 有时候会有一股强烈的向岸流出现，许多水手们经常会上当，当初克劳兹莱·肖佛尔爵士[③] 的舰队就是因此沉没大海的，而我们或许也是因为这股向岸流而发生了事故。

当时船长派了一个人守在船头看着前方的海面，人们时常向他喊要他注意看海面前方，他总是会回答"是"，但多数时候都是机械的回答，可能他正处于半睡半醒的状态。因为连在我们船前面的一盏大灯，他都没发现。当

---

① 位于英国西南方向。
② 位于爱尔兰和英国之间。
③ 安妮女王的海军上将，其舰队于1707年在此沉没。

时那盏灯正巧被船帆挡住了，所以，就连舵手和其他值班的船员也没有看到，但就在这时船身突然歪斜了一下，他们就看见了车轮般大小的灯，知道船离那个灯很近了，一时间都慌了。

正值午夜，船长睡意正浓，肯尼迪上校看到灯之后立即跳上夹板下令让船迅速掉头。船员们顾不上桅杆，扯足了所有的船帆。万幸的是我们躲开了装着灯塔的礁石，避免了沉船的危险。这次事故后，我意识到了灯塔的作用，于是我决定，等我回到美洲，一定要提议多修建一些灯塔，以减少触礁事件的发生。

到了早晨，船长用锤测的方法计算出我们已经靠近港口了，但这时雾很大，看不到陆地。等到了9点之后，大雾慢慢从水面升起了一点，于是透过水面，我们可以看到法尔默思镇[①]，可以看到停靠在港口内的船只，还有四周大片的田野。这对于我们来说无疑是个好消息，因为我们不必再担心敌人的追击了。

我和我的儿子立即出发前往伦敦。在途中我们抽出了一点时间去参观了索尔兹巴立平原的史前石柱和威尔顿的潘伯罗克勋爵的府邸和花园[②]以及他收藏的非常珍奇的古玩。1757年7月27日，我们顺利抵达伦敦。

[①] 位于英国西南角。
[②] 英国豪宅之一。

第十三章

当我们抵达伦敦时，查理① 先生早就为我们安排好了落脚的公寓，我们简单地安顿了下就去拜访了福瑟吉尔博士。我的朋友曾经建议我向他请教有关诉讼的程序，而他的朋友也极力向他推荐过我，于是我们见面后，他给出了一些他的建议："不用马上就向政府提出控告，在我看来最好是以你个人的形式和领主们进行协商，利用一些私交关系进行调解、劝导，这件事情或许就能圆满而友好地得到解决。"

告别福瑟吉尔博士后，我接着去拜访了我的老朋友科林森先生（此前我们一直保持书信来往），他告诉我有位名叫约翰·汉伯里② 的弗吉尼亚大商人要见我，因为他要带我去见枢密院议长格兰维尔勋爵，这也是格兰维尔勋爵的希望。于是我们定好时间，约在第二天上午乘坐汉伯里先生的马车一起去拜见那位枢密院议长。

格兰维尔勋爵非常友好地接待了我，在交谈中他谈论到了许多有关美洲现状的问题，他说，"在你们美洲人看来，国王对州长的训令是可以随意决定是否遵守的，因为它并不是法律。其实这是一种错误的观念，因为英王是殖民地的立法者，他的训令是由熟悉法律的法官们起草，再交给枢密院进行考虑和修改，最后再由国王签署发布的，所以实际上它就是法律，而不是所谓的指导行为礼仪的指南。"

格兰维尔勋爵的这一番话是我从未听说过的。我一直认为我们拥有一些特许，所以我们的法律是由我们的议会自己制定的，国王一旦批准通过了就不能废除或更改。所以没有国王批准，议会虽然不能制定永久性的法律，但同样的，如果议会不同意，国王也不能立法。

格兰维尔勋爵对我的观点进行了否定，而我同样不认同他的想法。通过

---

① 罗伯特·查理，为纽约和宾夕法尼亚代理。

② 烟草商人，贵格会成员。

这次谈话，我有些担心英国政府对我们的态度，所以一回到寓所我就立即将谈话的内容记录了下来。

几天之后，福瑟吉尔博士和领主们谈到了一件事。我依稀记得这件事的主要内容：在20年前，内阁曾向国会提出过一份议案，其中有一条是提议将国王的训令作为法律，但最终遭到了众议院的否决。我们为此还对他们心存感激，并将他们当作是我们的朋友。直到1765年，从他们的一系列举动来看，他们或许只是为了保留自己的特权才会拒绝给国王统治。

关于这件事，领主们和我约定在春园的托马斯·佩恩[①]家里当面谈一谈。谈话开始时，双方都表示愿意寻求合理的解决办法，但我猜想对于"合理"这个词双方都有不同的看法。接下来双方就开始就我列举的几个控诉要点展开了讨论，我为州议会辩护，而领主们也尽力为自己的行为辩解。我们之间的分歧很大，意见也相差很远，要想达成共同的协议几乎是没有任何希望的。最后他们让我将我们提出的控诉要点以书面形式交给他们，让他们带回去商量。

后来他们将我提供的材料文件交给了他们的律师费迪南·约翰·帕里斯。他是一名优秀的律师，在一起持续了70年之久的与邻州摩亚勋爵之间的诉讼案中，这位律师曾帮他们处理过所有的法律事务，以及撰写所有与州议会辩论的文件与咨文。但他是一个极其傲慢并且容易发怒的人，我曾在州议会的复文中抨击过他那些说理脆弱且言辞蛮横的文件，他因此对我怀恨在心。所以当领主们提出让他和我俩人进行讨论的时候，我果断拒绝了，并表示我不会和除了领主之外的任何人谈判。

后来，根据帕里斯的建议，领主们只好将我们的文件交给检察长和副检察长，要求他们提出意见和处理办法，结果这些文件在他们的手里一搁置就是将近一年的时间（距整一年只差八天）。我经常要求领主们给我回复，但他们只会告诉我他们还没有接到检察长和副检察长的意见。但当他们收到检察长和副检察长的意见时，我却不知道那些意见里到底说了什么，而且他们也并没有告诉我，只是由帕里斯起草签署了一篇很长的咨文，交到了州议会的手里。咨文中提到了我的控诉书，他们先是说我粗鲁无礼，并且措辞不当，

[①] 与富兰克林关系交恶。

接着又为自己的行为做了一些辩解，最后才说愿意解决这些问题，但必须要州议会派一个公正坦率的人前去和他们谈判。他们是用这种方式暗示我并不是这样的人。

我想所谓的粗鲁无礼和措辞不当，大概是指我在写给他们的文件中并没有加上"宾夕法尼亚真正的、绝对的领主"这样的头衔，因为在我看来这样的头衔根本没有必要，我只是为了将我口头所述的事情转换成书面形式而已。

在这期间，州议会已经说服了丹尼州长通过了一项议案——领主们的财产和人民的财产一样需要纳税。这是我们双方争执的一个关键点，此时州议会也不再答复领主们的咨文了。当这项议案在送往英国时，领主们听从了帕里斯的建议，在枢密院向国王请愿，反对让国王来批准，然后他们约好审案的时间，并雇用了两位律师来反对这项议案。当然，我也请了两位律师与他们辩论。

他们说，"这项议案的目的是要加重领主们的财产税，从而减轻人民的负担。但如果这项法律持续有效，加上人民对他们的反感，他们就只能听凭人民的摆布捐税，最后一定会破产。"

我们回答说："这项议案的目的并不是为了加重领主们的财产税，最后也不会造成这样的结局，估税人会诚实、公正、合理并严谨地进行他们的工作。事实上如果他们增加了领主们的税额，那么他们希望通过减轻自己的捐税而获益的愿望也会落空。所以他们决不会这样做。"

根据我的记忆，这是双方各自观点的主要内容。除此之外我们还指出，我们已经印发了10万英镑纸币供英王使用，主要用于军费开支并且已经在民间流通了。如果法律废除，人们手中的纸币就会变成一堆废纸，也会因此破产。这样以后再发行补助金也会变得困难重重。我们还指出，领主们只是担心他们的财产受损就纵容这样的灾难发生，这样做是自私的。

就在律师们还在争辩的时候，枢密院的大臣曼斯菲尔德勋爵[①] 向我招了招手，并领着我进入到了秘书室，他问我在执行这项法律时，是否真的不会让领主的财产受到歧视，我肯定地回答他说是的。

他又问我愿不愿意立下担保约定，我说愿意。于是他就将帕里斯叫进来，

---

① 英国高等法院首席法官。

在经过一番讨论过后，我们双方都同意了曼斯菲尔德勋爵的建议。枢密院的秘书起草文件，让我和查理先生在上面签字，最终这项议案顺利通过。

这时枢密院又提出要做一些修改，我们表示愿意将修改的内容放在附件中，但州议会却认为没有必要，因为在接到枢密院的命令之前，第一年的捐税已经征收完毕了。

州议会派遣了一个委员会来检查估税员的工作，并让领主的几位好朋友担任委员，在经过一段时间充分的调查后，他们证实了估税员的工作是公正公开的，然后共同签署了一份报告。

在州议会看来，这项契约中的第一部分巩固了纸币的信用，所以这对于宾州来说是一个非常重大的贡献，他们还向我表示了感谢。但丹尼州长却因为批准这一议案而被领主们罢免了职务，他们还威胁他要控告他违背训令。

但是这对于丹尼州长来说似乎并不能构成什么威胁，因为他是奉了将军的命令行事，一切都是为了英王的军务，而且他也认识很多有权有势的人，所以他根本不把这些威胁放在眼里。当然，最终这些威胁也没有实现过。

致富之路

尊敬的读者：

据闻，一位作者最开心的无非就是得知其他见识深远的作家怀着敬佩的心情引用自己的作品。我很少能获得这样幸福的体验。要是我能够以一种淡然的态度来描述的话，我会说：虽然我的历书还算不错，并且能够保持一年一本的产出量，至今已经足足25年了，可是我难以理解的是，为什么我的同行们并没有对我的历书有任何赞美，并且其他领域的作家们也根本没有关注到我。所以，我的作品不单单没能给我带来什么实际利益，就连人们的恭维都没能带来，这真让人沮丧。

最后，我归纳出了这么一个结论：最能够评判我功过的是人民，只有他们购买我的书籍。而且，有时候我出去闲逛，虽然没人认出我，但是，我却总能听到他们拿我说过的话出来说，并附上一句：这可是穷查理说的。这让我感到心满意足，因为它表明不仅有人重视我的教导，而且人们还是相当尊重我的权威的。不得不说，为了背诵并践行这些名言上的做法，我有时还认真地对自己的名言进行引用哩。

我可以给你举个小例子，希望你能明白我从中获得了多大的满足。前段时间我在商品拍卖处门口驻足，那里围满了人。因为还没正式开门营业，所以大家就在探讨现在社会多么不容易。接着，人群里一位两鬓斑白的老人高声嚷嚷着："那么，亚伯拉罕大爷，请问你对此有何见解呢？如此严苛的税务难道不会压垮整个国家吗？我们应该如何交税呀？请您赐教。"亚伯拉罕起身回应："既然大家这么要求了，我就稍微说几句。因为，穷查理说过智者一言已足，言多于事无补。"大家都想听听他的言论，于是将他围在了正中心，接着只听他说了这么一段话：

"各位朋友，邻里，"他说，"税务实在很严苛，如果我们只交纳政府那一部分那还没什么。奈何我们要缴纳的税务类别实在太多了，对于有些人来说实在难以承受。懒惰抽我们两倍的税，骄傲抽三倍的税，愚蠢则要抽四倍，就算税务局长们同意为我们减税，也不可能为我们减轻或缴纳这一部分。但是要是我们能够听劝的话，其实也不是完全没有办法。穷查理1733年的历书里就提到：自助者天助。

"要是一个政府是从人民为之劳动的时间里抽取了十分之一的税务，那么这个政府实在太过分了。如果我们将偷懒，懈怠，无所事事，娱乐的时间加起来，那么懒惰向我们抽取的税务更多。懒惰会导致生病，从而导致人的生命缩短。我们可以用铁锈来比喻懒惰，它所带来的伤害远远超过劳苦。经常使用的钥匙会比较亮，穷查理如是说。他还说了，如果你真的爱惜生命，那就请珍惜时间，因为那是生命的一部分。我们用于睡觉的时间实在是太多了！穷查理说，大家都忘了狐狸在睡梦中是抓不到鸡的，死人会在地下长眠。穷查理说得没错，浪费时间是最大的奢侈，因为他在别的地方告诉我们：光阴一去不复返。实际上我们所觉得的时间还有很多，最终总是反证时间所剩无几。那就让我们开始行动，并且进行恰如其分的工作吧！经过不懈的努力，我们将会收获很多，减少心中的困顿。穷查理说过，懒惰会导致重重阻碍，勤勉则能带来很多便利；晚起床就会导致整日劳作，夜幕降临也没能完成工作。懒惰的时候走路慢吞吞的，很快就会带来穷困，这一道理我们能从穷查理的历书里学到。他总是说，人要赶着干活，而不是被工作赶着。早睡早起，能使人富裕且聪明。

"因此什么叫作追求美好时光呢？只要我们发愤图强，就能够带来美好时光。穷查理说过，不需要羡慕勤奋。谁要是想要依赖着希望而存活，迟早会饿死。没有劳动就没有收获。如此一来，我就要靠双手勤劳工作，因为我没有土地，要是我有的话，就必然要跟土地狠狠'抽税'。并且在穷查理看来，手艺代表着土地，职业代表着有名有利的公司。但是，无论手艺还是职业，都需要好好经营，地产和公司都不是平白就能给你钱的。只要肯努力就不会有饿肚子的情况。穷查理说过，饥饿会在勤劳的人的家门口经过，却不会进去打扰他们。警察也一样，因为勤劳可以还债，自暴自弃只会债台高筑。你虽然不能找到藏宝地，也没有一个有钱的亲戚给你留下遗产，那又怎样，勤奋会带来成功，穷查理就是这样告诫人们的。并且上帝会给勤劳的人很多东西。穷查理说，懒人在睡觉，你去耕种，如此一来，你就可以得到很多粮食并用它换取财富。今天的事情今天做完，因为你根本不清楚明天有什么其他事情，于是，穷查理说：今天能当作两个明天用。他还说，要是明天必须要做这件事，那你还不如今天做完。要是你是一个奴仆，被主人看到你那样游手好闲，难道你不觉得惭愧吗？要是你做了主人，你也应该为自己游手好闲而感到丢人，穷查理就这样说。要是你需要为自己、家庭、国家、国王做事的话，那么太阳初升的时候就要开始了，别等太阳高照着对你说：这人躺在这太丢脸了。别戴着手套劳作，因为穷查理说过，戴手套的猫是抓不到耗子的。是的，有很多需要做的事，可能你有点笨拙，但是只要肯努力，你就能看到不一样的东西。坚持就是胜利。只要有恒心和耐心，耗子也能把铁绳咬断。一点一点砍伐，大橡树干也能砍断。空查理就是这么说的，尽管我忘了他在哪年的历书里这么说过。

"我有时候总能听到有人问，难道我们就不可以拥有空闲时间吗？朋友，我不得不引用穷查理的话进行告诫：只有利用好时光才能拥有空闲时间。要是你不能把握好一分钟，那就别浪费一小时。空闲的时间是用来做有益的事的。勤劳的人能够得到这些时间，懒汉就永远都不可能。所以穷查理说，空闲的生活跟慵懒的生活根本不一样。难道你觉得慵懒带来的快乐会比勤劳多吗？不，因为穷查理说：慵懒会带来烦恼，安逸会导致穷苦。不靠劳力靠智力的人，会因为主心骨不牢固而受挫。勤奋则能带来舒适、富裕和尊崇。逃避快乐，快乐还是会赶着你。勤劳的纺纱工办法总比别人多。如今我有羊和牛各一头，大家都问候我。穷查理说的真有道理。

"不过除开勤劳，我们要坚持不懈、小心谨慎，亲力亲为，别太依赖他人。因为穷查理说过：

我没有见过总是挪地的树，
也没见过总是搬动的家，
能像安稳那样兴旺发达。

"他又说：三次搬家的后果比一次火灾还要糟糕。还说：帮衬你的商店，商店就会帮衬你。并提出：想要生意成功，就要亲力亲为，不想的话，只管派别人去做。他说：

想依靠犁头发家，
必定要亲手扶犁。

"而且，主人总会用眼睛盯着你干活。漫不经心的危害比孤陋寡闻还要严重。不对工人加以监督，其实就是直接把钱包扔给他们。不少人的前途就是毁在过多依赖于别人的关心上，因为历书上写着：人类的生存靠的不是信任，而是缺乏信任。亲力亲为是比较好的。穷查理还说：勤奋的人拥有学识，认真的人拥有金钱，勇敢的人得到权力，品行兼优的人会得到天堂。要是你希望能得到一个勤劳且贴心的奴仆，那就得自己为自己服务。此外，他也提出，要注重细节，因为细节决定成败。并以这样一个故事进行论证：因为缺少一个钉子，丢了马掌，因为丢了一个马掌，失去了马匹。因为缺了一匹马，失去了骑士。归根到底是因为少了一个钉子，导致被敌人追上并杀害。

"朋友们，到这里，勤劳和亲力亲为就讲完了。要是你希望自己的勤劳能带来更多的财富，那就还要节俭。要是一个人不懂得节省，可能他倾尽一辈子去拼搏，最终还是一个穷光蛋。厨房物品很丰富容易导致缺少意志，这是穷查理的理论。

因为女人贪图茶点没有纺织，
因为男人贪恋酒肉不去干活，
许多田地得到又失去。

"穷查理的另一本历书说过，要是你想发财，不单单要挣钱，还要攒钱。西印度没能为西班牙带来富足，是因为入不敷出。所以戒除大手大脚花钱的毛病，如此一来你就不会有借口埋怨时世艰辛、课税过重和家庭支出过高。因为穷查理指出：

色、酒、骗、赌，
令人穷困。

"他说，留下一种恶习，相当于养着两个小孩。可能你觉得，时不时喝茶、喝酒、吃好一点、穿好一点，偶尔娱乐娱乐，没有什么大不了的。但是再想一下穷查理的话：聚少成多。他还说，要小心那些小小的花费，再小的漏洞也能导致大船沉没。并表示：谁要是老想着要占便宜，最终只能沦为乞丐。他还说傻瓜摆下宴席，聪明人过来用餐。

"你们在这个地方集聚，购买古董和锦衣。虽然你们称之为货品，但是如果掉以轻心的话，最终将会给你们中一些人带来灾祸。你们想那些东西贱卖，最好低于成本价格卖出。但是如果对于你们来说不是必要的，那它们就很贵重了。别忘了穷查理的话，要是你买了一些非必需品的话，那没多久你一定会卖了必需品。并且表示，买便宜的商品的时候请三思，有时候看起来便宜不代表真的便宜。因为可能会导致你的生意陷入僵局，这些便宜货带来的好处远远比不上坏处。他也曾说过，很多人因为贪小便宜而坏了自己的大事。穷查理还说：笨蛋才会花钱去买后悔的东西。不过可能是因为忽略了历书，所以，拍卖市场上总能看到有人做这样的蠢事。穷查理说：聪明的人可以在别人的失误中提炼经验，笨蛋连自己的失败也总结不了。当然那些能够从别人的不幸中吸取经验的人是幸运的。很多人为了能有华丽的衣裳，导致自己乃至全家都挨饿。穷查理对此的看法是：灶火被那些绸缎丝绒扑灭了。这并非是必需品，甚至连方便用品都算不上，人家想要的原因不过是因为它漂亮。如此，人们认为的要求就远远超过了大自然所要求的。就好像穷查理说的，一人穷，百人难。因为买了这样那样的昂贵的东西，上流的人也开始受贫穷所扰，只好向那些他们原先看不上眼的人求助，但人家却因为勤劳和节约而稳稳立足。如此种种，最明显的莫过于：农民站着比绅士跪着要高，穷查理如是说。可能他们还能有些许田地，但却不知道田产的来历。他们觉得如今是早上，黑夜永远不会到来。用财产中的一小部分是没事的（穷查理曾说：小孩和傻子总觉得二十先令、二十年是不可能耗尽的），不过总是将饭碗里的东西往外舀，又不见得添，始终是会用完的。最终，就如穷查理所说，井干才明白水贵。要是人们能听着点劝，他们就早该明白了。你要是明白钱的重要性，那你就试着去跟别人借借看，借钱是再难为不过的事了。要是有人把钱借给那样的人，那等到要债的时候，也一样不好过。对此，穷查理又进一步表示：

炫耀自己的华丽衣服肯定会引来不幸，
要是想满足爱好，先想想自己的钱包。

"他说过，骄傲其实就是一个穷小子，就像一个吵吵闹闹的乞丐，而且比穷苦还要糟糕。如果你买了个时尚的东西，你就会接着买十个，这样才能满足你的虚荣心。不过穷查理就表示，第一个欲望还能控制，后来的那些就难以把控了。穷人喜欢效仿有钱人，就像是青蛙鼓着气要跟公牛一较高下一样笨。

大田产势必面对大风险，
小船不该离海岸太远。

"不过，这样蠢的做法很快就会受到惩戒。因为穷查理说过，骄傲的午饭吃的是虚荣，晚饭吃的是轻视。他也曾在别的地方表示：骄傲的早饭吃的是满足，午饭吃的是贫苦，晚饭则吃的是羞辱。因此爱慕虚荣会带来很多麻烦和痛苦，到底有何好处呢？又不能带来健康，痛苦也无法减轻。不能带来优点，只会带来嫉妒，进而导致不幸。穷查理曾经也这么说过：

花蝴蝶算什么？
无非是毛毛虫浮夸的打扮。
就像是那花花公子的华服一般。

"只有疯子会为了这些表面的虚荣欠下一屁股债务！这次拍卖赊销限制为六个月，可能可以吸引到这里的一部分人去参与，因为不需要支付现金就有希望满足一下自己的虚荣心。可是好好想一下，欠的钱怎么办。这就相当于把自己的自由给了别人。要是到时你还不了钱，根本无颜见债权人，连跟他聊天都会害怕，只能一个劲装可怜推脱。慢慢地，你就丢了诚信，习惯性地撒谎。因此穷查理表示，第二个恶习是说谎，第一个则是欠钱。他中肯地评论过，欠了钱就会不由自主地说谎。一个一直都是自由的英国人不该是没脸见人，或者恐惧见人，也不应该是没脸跟人交流，或恐惧与人交流。不过贫穷总会让人精神短缺、德行败坏。空袋子没办法直立，穷查理是这么说的。要是哪位王子或者政府通告全国，不让你打扮得像个绅士或淑女，否则要进监狱甚至服劳役，你要怎么看呢？难道不会表示：你是自由的，应该有权利决定自己的打扮，这样的公告损害了你的自由权，这样的政府实在太残暴了？不过如果你因为这样的衣服欠下债，那就只能陷入这样残暴的情况了！要是你无力还债，债权人是可以随意剥夺你的自由的，你就只能终身囚禁了，甚至可能成为奴隶！当你买到很便宜的东西的时候，你可能很少想起还钱。但是穷查理说过，债权人的记忆力要远远好过债务人。他还在别的地方说过：债主很迷信，严格遵照约定的日期。你不知不觉中，那一天就降临了。他说出要求时，你都还没能做好充分的准备。你要是总是牢记债务，限期起初似乎很长，但是因为慢慢就忘了，结果就显得时间特别短，就好像在肩膀与脚跟上插上了双翼。穷查理说，复活节那天谁要是还债，他的大斋节就会特别短暂。因为他说过：借钱人是债主的奴仆，债务人是债主的奴仆。鄙视囚牢，捍卫自己的自由和独立吧：勤劳且自由，节约且自由。可能你觉得你现在生活水平还不错，奢侈一点也无所谓；不过：

　　提早小心穷苦和年迈，
　　不是每天都有太阳。

　　"穷查理就是这样说的。收入是暂时的，不确定的，但是只要你还在人世，花销就一定会出现。在穷查理看来，建两个烟囱不难，难的是坚持烧一个。因此宁愿睡前不进食，也不想起床的时候债台高筑。

　　把握住可以把握的，
　　你就拥有了点金石。

　　"穷查理的观点就是如此。只要有了点金石，你就不会总是埋怨人世凶险、纳税苛刻了。

　　"朋友们，适时改变和智慧是要遵守的。不过不要总是依靠自己的勤劳、节省、小心，尽管这是很好的行为。但是要是没有上天的保佑，什么都会失去的。要虔诚地祈祷，要安慰那些请求上天保佑的人，而不是冷酷对待。别忘了约伯[①]先受罪，后崛起。

"穷查理的看法就是这样的。他说过，要是你不信这些道理，道理肯定会给你惩戒的。

"最后要说的是，吃了亏才学乖的代价不低，可是笨蛋总是一定要如此才能学会，并且也没能学会多少。这倒是真的。穷查理说过，我们可以规劝，却不能代替其行动。但是别忘了：不听别人劝，吃亏在眼前。"

这位老人说到这就停止了。大家听完也表示认同，但是马上又踏上了老路，只把他的话当耳边风。因为开始拍卖了，他们又开始疯抢了，完全不想他之前的规劝，也不管税收多么可怕。我发现他很认真地探索过我的历书，吃透了我在这二十五年内关于这类问题的观点。他一而再再而三地说到我，一定会让人觉得烦，不过这让我很高兴，尽管我知道他说的那些睿智的东西不全属于我，我只是收集了从古至今，国内外的理论而已，而我自己的还不到十分之一。不过，我觉得油腔滑调地学舌更有用一些。尽管一开始我打算买一些料子做新衣。不过我还是离开了，决定把旧衣服再用一段时间。读者们，要是你们情愿这样做的话，你们能跟我一样获益良多。我永远乐意帮助你们。

理查·桑德斯
1757 年 7 月 7 日

[①] 《圣经》中的人物，上帝的仆人。

富兰克林年表

1706 年　　　　　1 月 17 日出生在波士顿奶街，就在老南教堂的对面，他在那接受洗礼，并取名为本杰明。他是约西亚·富兰克林的幼子，排行十五。约西亚是一个蜡烛制造商，兼制作肥皂，为了能够维护自己对清教的信仰，追求宗教自由，于 1683 年从英国搬迁过来。富兰克林出生的时候家里还在世的兄弟姐妹就有 11 个，其中包括约西亚和第一任妻子所生育的 5 个孩子（1678 年出生的伊丽莎白，1681 年出生的塞缪尔，1683 年出生的汉娜，1685 年出生的乔赛亚，1687 年出生的安妮），以及与第二任妻子阿比娅·弗格尔（她父亲是彼得·弗格尔）所生的六个孩子（1690 年出生的约翰，1692 年出生的彼得，1694 年出生的玛丽，1697 年出生的詹姆斯，1699 年出生的莎拉，1703 年出生的汤马斯）。在富兰克林之后还有两个妹妹——出生于 1708 年出生的莉迪亚，以及出生于 1712 年的简。

1714～1716 年　　此时，富兰克林就读于波士顿文法学校（即现今的波士顿拉丁文学校），由于约西亚·富兰克林支付不起昂贵的学费，在富兰克林入学的一年之后，约西亚勒令其退学。约西亚的哥哥是一个鳏夫，于 1715 年从英国移居到波士顿与他们家一起生活。1715 年至 1716 年在乔治·布劳内尔所就读的英语学校上正规学业的最后一个年级，即二年级，该学校主要开设的是非古典课程。

1716～1717年	富兰克林向其父亲学习制作蜡烛和肥皂的手艺。由于对这项工作没有兴趣，于是尝试学习刀具工艺，随后就继续回去父亲的店铺做伙计。在1717年的3月份，他的哥哥詹姆斯从英国伦敦回到波士顿开办印刷所的生意。
1718～1720年	他在哥哥詹姆斯的印刷所做学徒，写大幅纸印刷歌谣。1718年和1719年分别写出了《灯塔的悲剧》以及《捉拿提奇或黑胡子海盗》两首诗歌（现均遗失）。詹姆斯在1719年12月的时候承接了美洲的一家叫作《波士顿新闻报》的报纸合同，这份合同在1720年8月1日终止。其间，富兰克林借书阅读。其中不仅包括同时代著名的自由思想家沙夫茨伯里和柯林斯的著作，班扬、笛福、洛克、色诺芬等的文学作品，还包括了各种史书和宗教论证书籍，甚至还模仿了艾狄生和斯梯尔在伦敦报上《旁观者》这篇文章以提高自己的写作能力。
1721年	继续给哥哥詹姆斯做学徒，他哥哥在这年的8月7日创办了属于其个人的报纸。这是美洲的第一家报纸——《新英格兰报》，不仅富有新时代气息，最难能可贵的特色是它的独具一格的幽默小品和其他文学内容。
1722年	为了凑更多的钱去买书阅读，富兰克林只吃菜不吃肉。在4月至10月这段时间将署名为"善人无语"的14篇文章匿名投递给《新英格兰报》，因为他坚信如果以他自己的名义投递这些文章，绝对不会被哥哥詹姆斯刊登在这份报纸上。而在6月12日至7月7日这段时间内，富兰克林负责报社的各项事宜，最主要的原因是由于詹姆斯隐秘地揭示了海盗与地方官员相互串通的事情而被马萨诸塞议会拘留。

1723 年　　詹姆斯的报纸由于讽刺大臣和地方官员而被马萨诸塞议会禁止在未经审查的情况下私自印报，但是詹姆斯并没有遵照议会的命令行事。出于害怕被抓的心理，他躲避起来以逃过议会的逮捕，所以富兰克林在 1 月 24 日至 2 月 12 日再次接任报社的各项事宜，并且从此以后成为新英格兰报的主编。因为詹姆斯的不合理待遇（即使是自己的哥哥，但是面对詹姆斯时，总有他是师傅，自己只是徒弟的心态），所以富兰克林于 9 月 25 日毁约，偷偷坐船去纽约，但是却没有找到工作。在 10 月 1 日乘船前往费城的路途上遭遇大风，耗费了 30 个小时；第二天晚上，富兰克林在发高烧的情况下，到了新泽西，从新泽西步行前往伯林顿；终于于 10 月 6 日在全身只剩 1 荷元和几个铜板的情况下抵达费城。次日，他在塞缪尔·凯摩尔那找到一份临时工的工作。他在市场街的凯摩尔印刷所的隔壁约翰·李德家里（即未来的妻子德博拉的父亲）合伙住宿。

1724 年　　在威廉·基夫这个一直想结交更多朋友的宾夕法尼亚州长的鼓励下，富兰克林打算创办自己的印刷所，基夫也承诺会将公家的印刷业务给他的印刷所承包。因此，富兰克林在 4 月末的时候，回波士顿的家里跟父亲要钱，准备印刷所开业的各项事情，但是其父亲却只给了他几句美好的祝愿以及几件微不足道的小物品。在拜访哥哥詹姆斯的时候，詹姆斯大发雷霆。在 6 月的前几天里他回费城，好朋友基夫不仅慷慨地提出了要借给他开创印刷所的资金，还建议富兰克林去伦敦购买设备器材和安排好书商、印刷商、文具商等各项供货事情。7 月 3 日，约翰·李德与世长辞。同年秋天，富兰克林跟德伯拉·李德提出去伦敦的计划，但是德伯拉·李德的母亲对他们的婚姻并不热衷。11 月 5 日，富兰克林和同行的朋友詹姆斯·劳尔夫和商人托马斯·邓恩开始启程前往伦敦，他想靠基夫的承诺用信用证获取印刷设备。富兰克林在 12 月 24 日那天到达英国伦敦，却沮丧地发现基夫没有信用，也没有帮他写推荐信，他被狠狠地欺骗了一次。1 月初，他在凯摩尔的一间印刷厂寻找到了一份工作，并且与劳尔夫在伦敦的一个叫作小不列颠区域居住。富兰克林从书商那里借书自修。

1725 年　　给胡拉斯顿排版《自然宗教》后，自己独自创作并印发了《论自由和贫困，愉悦与苦难》这一篇驳斥自由意志的文章。特别欣赏这本小册子的外科医生威廉·富兰克林·莱昂斯便把他推荐给伯纳德·曼特维尔和另外一位叫作亨利·潘柏顿的医生，后者许诺会将其推荐给伊萨克·牛顿（这只是一个空头诺言）。8 月 5 日那天，德博拉·李德与约翰·罗杰斯在费城结婚，但是罗杰斯在 12 月的时候抛弃了德博拉，从此音讯全无。秋天的时候，富兰克林离开了印刷所，到一个大型的印刷所上班，因此他将住的地方搬迁到公爵街。

1726 年　　与托马斯·邓恩于 7 月 21 日回家乡费城，托马斯·邓恩聘请富兰克林当业务员。富兰克林于 7 月 22 日至 10 月 11 日写下航海日记。到达费城后给托马斯·邓恩做伙计和记账员。

1727 年　　托马斯·邓恩病倒之后，再也没有从病床上爬起来过，在 1728 年 7 月 4 日病逝，而富兰克林也很不幸的在该年的 3 月至 4 月患上胸膜炎。6 月后，他又回到凯摩尔的印刷所继续做印刷员工。后来，他组织了一个由他自己所认识的，并认为有野心的青年人自行组成的改善自我和团体之间相互帮助的叫作"讲读"的社团。这个社团会在每个星期五晚上组织一次聚会，其中包含凯摩尔印刷所的另外三个人，即休·梅莱笛斯、乔治·韦布、斯蒂芬·波茨，除此之外，还有托马斯·戈弗莱、尼古拉斯·斯卡尔，威廉·科尔曼等这些职业不同但是兴趣相同的年轻人。

1728年　2月至5月，他和凯摩尔在新泽西的柏林顿一起印刷纸币，6月的时候，他与凯摩尔分道扬镳，并与梅莱笛斯合伙开始创办第一家印刷所。梅莱笛斯的父亲帮助他们借贷货款，帮助他们开业。凯摩尔在知道富兰克林的创办报纸的想法后，匆忙在10月1日刊印出报名为《宾夕法尼亚报》的办报计划（12月24日是该报的第一期举办）。富兰克林意识到自己的朋友中有些令人不愉快的自由思想家的行为，所以他在11月20日制定出每个人的信条与教义，主要是自然神论与多神论信条的组合。

1729年　2月4日写下了关于"是非婆"的一系列文章，并在布莱德福创办的报纸上发表，希望将读者的目光从凯摩尔的《宾夕法尼亚报》吸引回他自己的报纸上来。4月10日，发表了《纸币的性质与需求》这一篇文章，主张以增加货币供应来刺激经济发展。凯摩尔的《宾夕法尼亚报》败落后，于9月25日被富兰克林收购，并于10月2日的第一期出现本杰明·富兰克林这个名字。之后的10年内，该报成为各殖民地最广为人知的报纸，约在1729年或者1730年，他的第一个孩子威廉·富兰克林出生，其母不详。

1730年　1月30日，宾夕法尼亚指定他作为官方的印刷商。为了买下回乡务农的梅莱笛斯的全部股份，他向威廉·科尔曼和罗伯特·格雷斯借下大笔的资金。因为罗杰斯的不知去向（主要是他又不想替罗杰斯还债），所以他没办法与德博拉（李德）·罗杰斯以合法形式结婚。最终跟德博拉（李德）·罗杰斯在9月1日形成事实婚姻。这时候的他开始学习法文和德文。

1731年　　1月以后，他开始了终生参与的共济会；6月份的时候，他当选成为圣约翰地方分会会长（这是他出任许多美洲共济会中的第一个职务）。7月1日，他为美洲第一家会员制"费城图书馆会社"的收费图书馆起草"协会契约"。由他向他的工人托马斯·怀特马什提供资金及设备，两个人在南卡罗莱纳开设印刷所，并规定了返还1/3的利润，为期6年，这是逐渐增加他财富的经济资助中的第一个项目。

1732年　　5月6日，《费城报》是美洲出版的第一家德文报纸，不久就停刊了。10月20日，他的第二个儿子弗兰西斯·福尔杰·富兰克林出生，并于1733年在基督教堂受洗礼。12月19日，出版《穷查理的历书》，此后差不多每年出一本，直到1757年他到英国。至此，他不再出席过去只偶尔会参加的长老会礼拜仪式。

1733年　　酝酿"达到道德完善的艰难又大胆的计划"。7月1日，他开始登记账本，系统地记录其个人的得失。秋天的时候去波士顿探望家人，去纽卡斯尔探望自己的哥哥詹姆斯。11月，资助一名工人路易·帝莫泰，让他接替怀特马什在南卡罗莱纳合伙经营自己的印刷所。开始学习意大利语，西班牙语，拉丁语。

1734年　　6月24日，他当选为宾夕法尼亚共济会的大师。

1735年　　2月4日，他的哥哥詹姆斯在纽卡斯尔逝世。富兰克林在《宾夕法尼亚报》上倡议成立防火协会。冬季和春季的时候，他重新回去教堂聆听亨普菲尔的讲道，因为他认为这个牧师强调的是实际可行的道德修养。4月，亨普菲尔牧师被同行污蔑离经叛道，富兰克林专门写了一本小册子帮亨普菲尔牧师辩护。9月，亨普菲尔牧师被长老会教会法院强制停止该项活动后，他就永久地脱离该会，但是他仍然会时不时地捐款。夏季初的时候，他的胸膜炎又复发了，左肺化脓。他提议建立费城缴费巡夜制度，这项制度于1752年通过。

1736 年　　7 月至 9 月的时候，他在伯林顿印刷新泽西纸币，为了防止伪造货币的出现，设计出新的复制树叶形象的自然印刷术。10 月 15 日，他被任命为宾夕法尼亚议会的秘书。11 月 21 日，四岁的弗兰西斯死于天花，埋葬在基督教堂的墓地上。12 月 7 日组织建立费城的第一家联合救火队。

1737 年　　10 月 5 日，他开始承担费城邮政局局长的职务。之后，对议会的程序异常烦闷的他设计出数学测验来解闷。

1738 年　　《美洲信使周报》在 2 月 14 日被指控由于 1737 年参加模拟共济会入会仪式，而导致的年轻学徒严重烧伤。在庭审证言和《宾夕法尼亚报》的报道中表示不会对此负任何责任。

1739 年　　和英国循道宗牧师、福音传道士乔治·怀特菲尔德结交，这个人在 11 月 2 日费城露天群众集会上发表演讲，他鼓吹宗教复兴。富兰克林捐赠印刷这位好友的日记和布道文。

1740 年　　2 月 12 日的《美洲信使周报》中有人指出富兰克林在报道中袒护民众反对领主，这些领主的领地的创建者是居住在英国威廉·富兰克林·宾的子孙，他们按特许状，享有任命和命令该殖民地州长的特权。一直到 1744 年的这段时间，他一直是新泽西官方指定的印刷商。11 月 13 日在《宾夕法尼亚报》上宣布将会出版《综合杂志》。后来，富兰克林怪罪安德鲁·布莱德福和约翰·韦布窃取他的第一家美洲杂志的计划。他的杂志的定价为每期 9 便士，比布莱德福拟议中的每期杂志定价 12 先令要低。

1741 年　　1740～1741 年的冬天，设计宾夕法尼亚壁炉，又称"富兰克林火炉"。2 月 5 日初次刊印出面向大众销售的广告。2 月 16 日，第一期的《综合杂志和史记》出版，但第六期之后就停止刊办。

1742 年　　资助詹姆斯·帕克在纽约成立另外的印刷所。3 月 17 日，组织、宣传一项旅行采集的活动，这个项目是为了资助植物学家约翰·巴特拉姆。

1743 年　　在 5 月 14 日发表《提倡有用知识的建议》，这是美洲第一科学学会——"美洲科学学会"的创建文件。在春天的最后几天里，到新英格兰纽约与卡德瓦拉德·科尔登见面，并在波士顿参加了斯宾斯博士的电学讲座。他还建立了与威廉·富兰克林·斯特拉恩的商务书信联系，之后双方发展彼此之间认为弥足珍贵的友谊。他还鼓励了一个在伦敦印刷所的青年大卫·霍尔移居去美洲，并表明他会资助大卫·霍尔在另外的一个殖民地建立事业。8 月 13 日，他的第一个女儿萨拉出生，并于 10 月 27 日在基督教堂接受洗礼。

1744 年　　大卫·霍尔住在 6 月 20 日到达费城，衣食住行都是在富兰克林家里。之后，他出版《新产品的宾夕法尼亚火炉的介绍》一书。

1745 年　　1 月 3 日，写下大陪审团反对酒馆与其打扰人民群众的书面报告。1 月 16 日，其父约西亚·富兰克林逝世，享年 87 岁。4 月，伦敦皇家学会会员彼得·科林森寄给图书馆会社最新的德国电实验小册子，其中还附有玻璃管，这是最先激发他做电实验兴趣的动因。6月6日，发布了"路易堡城镇与港口的平面图"木刻，这是《宾夕法尼亚报》上首次拥有插图新闻的报道。

1746年　　这年的夏天，他一直都沉浸在电的实验中。秋冬的时候，他去访问了新英格兰。

1747年　　5月25日，第一次将电的实验报告寄给彼得·科林森，而彼得·科林森会将这个成果展示给皇家学会的会员们。11月至12月时，他发布了《明白的真相》这本小册子，以此警告宾夕法尼亚应该意识到这个地区容易受到特拉华河上的法国以及西班牙海盗船偷袭。之后还组织了自愿民兵加强这个地区的防御。

1748年　　1月1日，他认为自己没有军事经验，所以拒绝接受民兵团长的职务，只愿做一名普通的服役兵。这天，他还与大卫·霍尔成为合作经营伙伴的关系，他将印刷所交给这个伙伴经营，只要返回的一半利润，之后他撤离了他作为印刷商的身份，从而致力于科学研究以及公共事务。（在来以后的很长时间里，他每年总是可以从印刷合伙经营、房地产投资和邮政局长薪水这三项中获得收入，这些收入相当于一位宾夕法尼亚州长的薪水，大约是2000英镑。）这一年中他们一家从店铺中搬到新的地方，有了几名黑人奴隶中的头一个。4月，与另外一名叫作托马斯·史密斯的工人在安提瓜合伙创办新的印刷所。10月4日，当选为费城议会的会议员。

1749年　　4月29日，帮助科金纳斯利编写"解释……雷暴风的新假说"。5月10日，科金纳斯利在马里兰安纳波利斯开了一个电学讲座，第一次发表并小规模的演示了他的避雷针实验。6月30日，他被任命为费城治安推事。7月10日，被任命为宾夕法尼亚共济会的大师。由于10月23日，富兰克林写了《有关宾夕法尼亚青年教育的提议》的文章，结果导致了费城学院（如今的宾夕法尼亚大学）在1751年1月7日的建立。11月17日，在他的实验日志中有记录并证明闪电与电之间的相同点。

1750年　　2月，富兰克林首次突发痛风。3月2日在给科林森的信函中建议使用避雷针保护房屋。7月29日，他设计在矗立于山顶或者教堂塔尖上的岗亭顶上安装尖棒，这个尖棒依附着莱顿瓶，是用来收集电流的，这个实验证明了闪电是一种电。该项设计包括了建议接地装置的避雷针。12月23日，一只火鸡在触电时受到严重的电击。

1751年　　2月7日，宾夕法尼亚议会通过了富兰克林的革新建议，提供了与私人捐赠相同的公款，建立宾夕法尼亚医院。4月，约翰·福瑟吉尔博士编写的《电的实验与观察》的科学书信在伦敦出版。5月9日，他当选为宾夕法尼亚议会的会议员并于1751年8月13日至1764年间连续担任此项职务。他的儿子威廉·富兰克林继任为他的秘书。7月26日，初次提出将该市的所有救火队合并为保险公司的意见。9月7日，各队代表就组织费城分担体系开会。10月1日，他被任命为费城的市政务委员会的委员。

1752年　　2月6日，宾夕法尼亚医院开张了。5月8日，富兰克林的母亲在波士顿逝世，享年85岁。6月又设计并做了风筝实验，再次证明闪电就是电。8月，赞助外甥梅科姆在新印度开办印刷所。9月，在他的住宅安装与铃铛连接的避雷针，只要避雷针带有电，铃铛就会响。10月19日，《宾夕法尼亚报》说明他的风筝实验是如何做的。为1753年的《穷查理的历书》写了安装避雷针的说明书。12月，为患有膀胱结石的哥哥约翰设计了软管。

1753年　　1月，诺莱特神父的《关于电的书信集》的出版反驳了他的电学理论。3月，《实验与观察补编》在伦敦出版了，这是他的第二套电的实验。6月14日，赞助以前的工人霍尔在宾夕法尼亚的兰开斯特一起合伙开办印刷所。从6月中旬到9月初，游历新英格兰，并接受7月25日哈佛和9月12日耶鲁授予的文学硕士荣誉学位。8月10日，在跟英国申请后，被任命为北美邮政管理局联合副局长。9月26日至10月4日，在宾夕法尼亚卡莱尔同俄亥俄印第安人谈判；11月，刊登结果条约。11月30日，因为在电学上的成就，荣获伦敦皇家学会的柯普立奖章。

1754年　　为西部边疆不断加强的法军压力困扰不已，5月9日，在《宾夕法尼亚报》上登出美洲的第一幅政治漫画，主题是一条蛇被砍成几段，漫画的标题是"合则存，分则亡"。6月至7月他作为宾夕法尼亚议会会员出席奥尔巴尼会议，会议聚集了七个殖民地的所有代表来恢复与易洛魁人的结盟，并共同安排边疆的防御，以抵御法军的压力。7月2日，会议投票表决了组成殖民地联盟的决定，富兰克林提出的方案于7月10日被议会所通过，并送交各殖民地批准。8月17日，宾夕法尼亚议会以及其他的殖民地和英国政府都否决了奥尔巴尼的方案。9月第三套电实验，即《电的新实验与观察》连同前两部分的第二版在伦敦出版。12月，他给马萨诸塞州长威廉·富兰克林写了一系列抗议在没有代表的情况下征税的书信，并极力要求美洲的自治权利。

1755年	与北美英军司令爱德华·布雷多克少将建立了邮政联系。4月22日至23日在马里兰与布雷多克洽谈给布雷多克部队供应车辆，以支持他们攻打杜肯要塞的任务。4月26日至5月1日，在宾夕法尼亚的兰开斯特和约克召集车辆。到了夏天的时候，写了《圣经》讽刺"反迫害寓言"和"手足之情寓言"。8月的时候，与贵格派协调，针对领主田产和其他的财产征税的要求，以凑齐资金款项保卫祖国边疆。10月，被费城的步兵团公选为上校。11月25日，议会通过了富兰克林的民兵议案，11月27日的时候，批准了防务费6万英镑。12月18日至次年2月5日，他到达边疆修建堡垒，组织防御，他的儿子威廉·富兰克林作为他的副官随行。
1756年	4月29日，他全票当选为伦敦皇家学会会员，还享有永远免缴纳惯例会费的特权。3月9日，宾夕法尼亚议会通过他所提出的费城需要巡夜人和街道照明的议案。3月21日，在前往弗吉尼亚办理邮局事务的途中偶遇了乔治·华盛顿。4月20日，他接受了威廉和玛丽学院授予的硕士荣誉学位。9月1日，他又当选为皇家技艺协会通讯的会员。10月2日至24日的时候到卡莱尔、哈里斯渡口以及纽约视察当地的军情。11月5日至18日，跟随其他的专员一起同特拉华印第安人在宾夕法尼亚伊斯顿洽谈事务。
1757年	2月3日，他接受了宾夕法尼亚议会的提名，将作为驻英代表与领主们商谈长久积累的争端。3月14日至22日，在与美洲英军司令罗登勋爵见面的过程中表述宾夕法尼亚议会的立场，让其同意征税以解决军队需求的议案。罗登劝告宾夕法尼亚州长丹尼不要按照领主们的命令行事（领主们拒绝了他们对田产的征税的建议），这个议案被通过了。4月4日和他的儿子威廉·富兰克林路经纽约（他们

此行的目的地是英国），因为要等罗登允许启航所以耽搁到了6月23日。在船航行期间完成了1758年的《穷查理的历书》序言中"亚伯拉罕大爷的讲话"（后来以"致富之路"而闻名世界），这是其写的一系列书的最后一期。7月26日抵达伦敦，在彼得·科林森家住宿。此后，他见到了枢密院的院长格兰维尔勋爵，这个人声称自己是国王殖民地的最高立法者，而这个人的话让富兰克林非常的忧心。7月30日在懦夫街的寡妇玛格丽特·斯蒂文森太太的家里寄宿，之后的一段时间内，富兰克林一直都是住在这里。8月，在见到领主理查德和托马斯·佩恩的时候向他们叙述冤情。9月末到11月初的时候，他患了重伤风，头痛发晕。11月14日，与马斯·宾就各项事宜重新洽谈。

1758年　　订立常规，定期参加俱乐部的活动，他在英国生活很多年内没有改变过。星期一经常与大批的科学家、慈善家和探险家们在乔治兀鹫餐馆聚餐聊天，其中有约翰·埃利科特，以及偶尔参加的船长詹姆斯·库克船长等。星期四的时候经常在圣保罗咖啡馆与感兴趣的"诚实的辉格党人俱乐部"的会员聚会，这个团体的成员有约翰·坎顿、理查德·善赖斯、詹姆斯·伯格、威廉·富兰克林·罗斯、安德鲁·吉皮斯、约瑟夫·善里斯特里，偶尔詹姆斯·鲍威尔也会加入进来。星期天，经常与约翰·普林格尔爵士一起进餐，这个公爵之后逐渐取代了威廉·富兰克林·斯特拉恩这个最亲密的英国好友的地位；亚历山大·斯莫尔和大卫·休谟也经常过来与他们一起聚餐。1月至5月，与宾氏叔侄洽谈，还在商务部帮助宾夕法尼亚做辩护。最终，11月27日，宾氏叔侄同意了在有限的情况内征税的意见，但是这两叔侄非常可恶的在第二天致函到宾夕法尼亚议会，投诉富兰克林缺乏诚意。5月末的时候，在剑桥停留了一周的时间，与化学教授约翰·哈德利一起做蒸发的实验。7月，跟他的儿子威廉·富兰克林探望了祖先故居埃克顿和班伯里，并在那里搜集族谱的信息。12月2日，他发明了火炉或者是烟囱上用的挡板。

1759年　　2月12日，缺席苏格兰圣安德鲁斯大学授予他法学荣誉博士学位的仪式，但此后的时间里他一直被人称为"富兰克林博士"。4月7日，在和约瑟夫·盖洛韦的聊天中指出，他在任宾夕法尼亚议会伦敦代理的时候，认为自己老了，不想改变自己的国籍，所以拒绝了当时在英国议会里的美洲人的朋友的英国人查理·杰克逊建议他入选英国议会的好意。8月8日~11月2日，在英格兰北部和苏格兰旅游的时候会见了亚当·斯密和威廉·富兰克林·罗伯逊以及卡姆斯勋爵。

1760年　　1762年和1764年重新印发《电的实验与观察》第三版。4月17日，撰写的《大不列颠利益的考量》，即"加拿大小册子"出版，该小册子指出了加拿大对殖民地和大不列颠在经济和战略上的重要性。5月1日，在慈善家组织的"布雷博士同仁会"上遇见了塞缪尔·约翰逊博士，那时候的富兰克林已经是该会的会长了。这个同仁会赞助了费城、纽约、罗德岛、弗吉尼亚的威廉斯堡的黑人慈善学校。6月24日，商务部否决了宾夕法尼亚议会所通过的19项法案中的第7项对宾氏田产征税的决定；8月，富兰克林在枢密院上诉，法院驳回了商务部的决定，通过了针对宾氏田产征收税的决定。

1761年　　他成为技艺协会（这是一个资助农耕方法、引进新作物的协会）、伦敦皇家学会（当时地位最高的科学学会）和"布雷博士同仁会"这些协会的最为积极和具有广泛影响力的成员。8月至9月，他跟他的儿子威廉·富兰克林、理查德·杰克逊周游了奥属尼德兰和荷兰共和国。9月22日，回到英国后的他亲眼见证了乔治三世的加冕礼。

1762年　　在4月30日接受牛津大学授予的民法博士荣誉学位。7月13日寄了一份最新发明的乐器——玻璃口琴的描述给传播富兰克林电学理论的意大利科学家巴蒂斯塔·贝卡里亚，从1761年到1762年里，他一直沉浸在研究这一乐器中。后来莫扎特和贝多芬还帮他作过曲。8月，他离开伦敦，开始乘船通过朴次茅斯回到宾夕法尼亚；在11月1日的时候到达了费城。9月4日，他的儿子威廉·富兰克林与伊丽莎白·唐斯在伦敦结婚，9月9日，被任命为新泽西的皇家总督。

1763年　　7月7日至11月5日周游视察新泽西、纽约、新英格兰各地的邮局。12月17日，访问布雷博士同仁会在费城资助黑人的慈善学校，并说他"对黑种人天赋的看法比以前任何时候所持有的看法都要高很多"。

1764年　　1月4日，对于边疆流氓"帕克斯顿小子"在兰开特县屠杀友好的信奉基督教的印第安人极为愤怒，随即起草了要求审判白人以及印第安人主犯的决议；这个决议由于引起了强烈反对而很快被否决。1月30日，发表了谴责"帕克斯顿小子"屠杀印第安人的《最近的大屠杀纪实》一文。2月5日至8日，这帮坏小子前往费城，富兰克林组织防御民团，之后会见了反乱分子的头目，游说头目通过陈述自己的冤情解散了这个不利于社会的帮派。4月12日撰写《冷静的思考》以支持最近最火热的赞成国王特许状的议案。5月26日，他当选为议会会长，起草了请愿书，希望国王不要改变政府的决议，议会通过后他以会长的身份签字。马萨诸塞会议院致函身为会长的他，希望他能够督促各殖民地反对印花税的条例，这是英国议会通过的对殖民地印刷品增加税收进而增加收入的措施。9月12日，富兰克林向议会提交的指定议会中的驻伦敦的代理理查德·杰克逊反对拟议中的印花税条例通过，并想办法修改4月5日颁布的食糖税条例这个议案，还极力主张只有宾夕法尼亚立法机构才是唯一一个有权在宾夕法尼亚课税的政府；富兰克林签署了指令。8月和9月，议会竞选很荒谬地演变成了对富兰克林人格的毒恶攻击，这些攻击有的说他想要州长职位，所以赞成英国政府；有的说他在英国担任议会代理的时候贪污公款；还有的说他对他自己所监视的公款漠不关心；威廉·富兰克林是他的女仆芭芭拉所生什么的，在她死后他把她埋葬在无人所知的墓地里；最后还有一句种族歧视的老话——1751年的德国移民曾经被富兰克林辱骂为"巴拉丁乡棒"的事被曝了出来，于是，这一届的竞选他以失败告终。尽管如此，但他的支持者仍占多数，于是在10月26日的时候他被指派同杰克逊一起担任议会驻伦敦的代理。少数议员攻击富兰克林。11月5日，他在《评最近的一次抗议》中捍卫了自己的清白。11月7日，他离开了费城，但是他的妻子德博拉拒绝了他一起移居海外的建议，决定留在费城。12月9日，他到达怀特岛，第二日抵达伦敦，还是住在寡妇斯蒂文森太太的家里。

1765年　　2月2日，他与其他殖民地代表拜访了首相乔治·格伦维尔，并代表了宾夕法尼亚抗议在美洲征印花税的议案。格伦维尔在议会上详细地介绍了年度预算中包含的印花税条例。2月12日，富兰克林和一位主张殖民地和大不列颠加强关系的前殖民地州长托马斯·波纳尔与格伦维尔会面，提出了在美洲发行有息纸币来增加美洲收入的建议，但是格伦维尔并未理会这个建议。2月27日，下院通过了"印花税条例"，3月22日，国王批准了这件事，定于该年的

11月1日生效。在格伦维尔的强烈要求下，富兰克林提名了他的好朋友约翰·休斯作为宾夕法尼亚的印花销售商，这导致了富兰克林支持印花税的谣言的出现。4月，富兰克林和波纳尔使驻军法案成功地得到了修正的机会，这个修正避免了英军在美洲私人住宅强行驻扎的可能；5月3日，这部修正法案正式通过。5月3日，英国的一家报纸发表了一些海外奇事，那个时候居然出现"美洲有巨鲸跳跃上了尼亚加拉大瀑布，观看者全都一致认为这是天下最为奇特的景观之一"这样荒谬又愚蠢之极的报道！夏季，"印花税抗议"大潮在个殖民地汹涌澎湃的席卷下去，9月16日至17日，暴民在费城攻击印花销售商，富兰克林的住所也受到了一些攻击，并且遭受了威胁；他的妻子博德拉拒绝了逃跑，死守住宅。800名支持富兰克林的人准备好了战斗，阻止了暴民的继续袭击。11月1日，印花税条例没能得到实现，最终的原因是各大臣拒绝开会，导致殖民地行政管理陷入瘫痪的境地。因此，富兰克林向英国国王提交宾夕法尼亚地区要求国王变革管理制度的请愿书，但是国王根本不理会这件事。冬季，他以刊登报纸的方式，写了一篇鼓动废止印花税条例的殖民地辩护的文章。

1766年　　1766年上旬，设计了反印花税条例的漫画和设计有图画的明信片。1月21日，与大卫·霍尔合伙经营的印刷所合同到期，霍尔按照之前签订的协议买下了印刷所。2月13日，下院所有的委员会审查了对印花税条例。富兰克林为美洲关于2月22日的条例被废除所做的贡献巨大，这也是他成为美洲殖民地杰出代表的原因。6月15日至8月16日，跟约翰·普林格尔爵士同行前往德国周游，在德国的哥根廷当选为皇家科学学院的院士。

1767年　　在给伦敦报纸界的信函中仍然反对英国对所属殖民地的课

税。5月13日，财政大臣查尔斯·汤森在下院提议征税，这个议案在7月2日的时候获得通过。这个决议加剧了殖民地的危机。8月28日至10月8日，富兰克林和普林格尔访问法国巴黎，而荷拉斯·沃尔浦在9月13日的时候那里拜访了富兰克林和普林格尔。在凡尔赛的时候，富兰克林和普林格尔被推荐给了路易十五。10月29日，他的女儿萨拉与费城商人贝奇结婚。

1768年　1月7日，他写下了《1768年以前美洲不满之缘由》，这是一部回顾英美之间的关系史的著作。4月11日，富兰克林被任命为佐治亚的代表（他担任这个职务直到1774年5月2日）。7月20日，他使用他自己设计的字母拼音给玛丽·斯蒂文森太太写信。秋天，墨西哥湾流流程的地图印出。

1769年　作为《电的实验与观察》增订的第四版出版的监理。1月2日，当选为费城的美洲科学学会的会长。冬季，德博拉中风后，记忆力和理解能力退化，此后，德博拉的身体每况愈下。加入到土地组织者行列去请求国王将俄亥俄谷地赐予他们，他们希望用这片土地成立一个土地公司，然后卖地给定居者。8月12日，他的外孙本杰明·富兰克林·贝奇出生。11月8日，新泽西众议院任命他为代表，任职时长为6年。11月29日，写了一封以美洲为立场的陈述书给斯特拉恩，希望通过个人渠道传递到内阁大臣和选定的议员手中。

1770年　10月24日，当选为马萨诸塞众议院的代表，一直任职到他离开英国。这个时候的他，已经是宾夕法尼亚、佐治亚、新泽西以及马萨诸塞这四个殖民地的代表。

| 1771年 | 1月6日，给殖民地的事务大臣希尔斯博罗勋爵递交马萨诸塞州代理证书的时候，因为他的这次任职是议会在未经州长同意的前提下私自通过的，所以被希尔斯博罗勋爵拒绝承认。6月11日，当选为"巴达维亚实验科学学会"鹿特丹会员。6月17日至24日两次访问了怀特福德的乔纳森·什普利主教，7月30日至8月13日写下了自传的第一部。8月25日至11月30日，与好友理查德周游了爱尔兰和苏格兰；10月8日，出现在爱尔兰议会的开幕式上；跟大卫·休谟停留在爱丁堡一段时间后，又同卡姆斯勋爵在德拉蒙德再次停留。在旅途结束的时候，看望了在兰开郡的女婿的母亲和妹妹，第一次跟女婿见面，之后跟女婿同回伦敦。|

| 1772年 | 4月29日，商务部退回了他们的土地公司计划，在6月5日的时候他上诉到枢密院，枢密院在7月1日的时候同意了他的上诉，但是他的领土没有经过官方勘测。那个时候的富兰克林已经开始相信奴隶制自古以来就是不公平的，是要被谴责的。（1758年的时候有法律规定要求解放奴隶，而他明显是在1760年才解放的这两个奴隶。）

6月20日，首次在"萨默塞特案件和奴隶贸易"中声讨奴隶制度的罪恶。8月16日，当选为巴黎"皇家科学学院"外国院士。10月，富兰克林和斯蒂文森太太迁居到懦夫街道的10号房里。他通过一些秘密渠道获得了州长托马斯·哈钦森和副州长安德鲁·奥利佛与英国政府的通信，发现信中提倡压制手段后，立刻将信件寄给马萨诸塞州议会议长托马斯·库钦。|

| 1773年 | 6月2日托马斯·库钦将这封信件摆在议会面前的时候，全体议员一致认为托马斯·哈钦森和安德鲁·奥利佛故意破坏法制，因此请求国王罢免这两人的职务。哈钦森暗中获取了富兰克林在7月7日寄给马萨诸塞州议会议长托马

斯·库钦的信件副本，并把这份副本送给了殖民地大臣达特茅斯。达特茅斯对富兰克林通过非法手段获取的信函的行为很恼火，因此他命令美洲司令托马斯·凯奇将军弄到这封信件的原件，从而可以起诉富兰克林，没想到的是，凯奇将军并没有拿到原件（或许是托马斯·库钦议长为了保护富兰克林而将原件誊抄一份后，将原件销毁了）。富兰克林向殖民地大臣达特茅斯递交罢免州长托马斯·哈钦森和副州长安德鲁·奥利佛的请愿书后，在9月的时候发布了"大帝国缩小要诀"和"普鲁士国王敕令"的暗讽文章。

1774年　　1月，出席了罢免州长托马斯·哈钦森和副州长安德鲁·奥利佛职务的预审。1月20日"波士顿茶党"消息在伦敦迅速传递。在审理马萨诸塞州议会请愿书期间被法务次长亚历山大·韦德伯恩在枢密院前指控偷窃信件而检举为盗窃贼；富兰克林拒绝回应法务次长亚历山大·韦德伯恩的控告。1月31日，他在北美担任邮政管理局局长的职务被解除。之后他请求下院驳回"波士顿港法案"的提议失败；3月31日，议会通过波士顿港法案，波士顿港封港。4月17日，参加了埃塞克斯西奥菲勒斯·林赛住所小教堂的开启仪式，捐赠5几尼给教堂。5月3日，韦德伯恩和哈德钦两人的模拟肖像被车拉着游街，肖像被处以绞刑后，用电烧毁。9月5日，在费城召开了第一届"大陆会议"，会议还采纳了"大陆联合会"的提案；请愿由富兰克林和其他代表们向国王发出。富兰克林参加了两次在达特茅斯认可下的恢复英美之间平静的谈判，一次是与商人大卫·巴克利和物理学家约翰·福瑟吉尔的谈判；另外一次是与豪勋爵的谈判，在豪勋爵的妹妹家假装下棋，实则秘密会见。巴克利和福瑟吉尔要求他起草"英美持久联盟的几点提示"，但是这份文件递交到达特茅斯办公室后，却遭到了拒绝。12月25日，豪勋爵要求他准备另一套和解条件，但还是被拒绝了。12月14日,妻子德博拉·富兰克林患中风与世长辞,享年66岁,被埋葬在基督教堂的墓地里,到1774年止,她已经10年未见本杰明·富兰克林。

1775年

1月底,查塔姆没有谈判成功的和解方案,由他与查塔姆伯爵·皮特继续进行多次商谈。2月9日,马萨诸塞州发生叛乱。3月20日,在朴利茅斯乘船离开伦敦回美洲。船航行时期,开始写下和平谈判纪实;不仅推测了为什么从欧洲到美洲航行时间比反向航行用时长,还测量了海水和空气的温度,这证明了墨西哥湾流比湾流两边的海都要温暖的事实。5月5日,在费城上岸,第二天,被议会推举为出席第二届"大陆会议"的代表。在会议上各个委员会的表现都可圈可点,甚至有一个纸币委员会还专门设计了图案和名言,预计将会在大陆货币上使用。7月,为了美洲的自治权利而起草了"联邦条例",但议会却没有人愿意采取如此冒昧的行动。他提交了没有任何税收利益可言的自由贸易决议案,结果这项决议被弃之不理,直到1776年4月6日,这个议案才被采纳,但是有一个附加条件,就是各殖民地根据自己的意愿,决定是否征收进口税。8月23日,国王宣布殖民地叛乱。9月13日,会议再次召开,富兰克林也再次在各个委员会之间忙碌不停。10月4日,跟着委员会一起离开费城去往乔治·华盛顿所在的马萨诸塞司令部洽谈。11月9日,由于波士顿被占领,所以带着在波士顿的妹妹简·梅科姆返回费城。11月14日,被重新任命为几个委员会和办事机构的成员,再次被任命为"大陆会议"的代表人物。11月29日,"会议"创设特别通信委员会处理外交事宜,他被任命为委员。12月,委员会私下与法国政府代表见面。他通过写文章、歌词和模拟墓志铭的结束语等方式鼓励美利坚人民为战争的胜利而奋斗。12月4日发表了"反叛暴君就是服从上帝"的墓志铭结束语，这句墓志铭结束语后来被杰斐逊用作自己的座右铭。

1776 年　作为新泽西皇家总督的儿子威廉·富兰克林，被新泽西民兵按照会议的判决罢免了官职，并被软禁在珀思·安博伊的家中，6 月被逮捕押送至康涅狄格囚禁。富兰克林在会议上没有为儿子的判决做任何的辩解。1 月 16 日，在会议上大力支持"联邦协定书"，遗憾的是没有成功。2 月 19 日，鼓励四个新英格兰政府组成联邦，邀请其他殖民地也加入联邦。会议要求设计新硬币，所以他设计了十三连环的图案和飞溜的设计，这个设计后来被用在了合众国第一批硬币——飞溜分币上。2 月 26 日，他辞去了宾夕法尼亚议会的职位，只为了能够为大陆会议做出更多的贡献。被会议任命为前往加拿大的专员；3 月 26 日至 5 月 30 日，前往蒙特利尔去说服法属加拿大参加殖民地武装起义，当时的他身上长了大疖子，腿肿，头晕，年事已高的他被这次危险而艰难的长途行动弄得疲惫不堪。6 月 1 日，被任命为《独立宣言》五人起草委员会成员，委员会推荐了托马斯·杰斐逊写宣言的草稿。7 月 2 日，投票通过了理查德·亨利·李的独立建议。7 月 4 日　大陆会议通过《独立宣言》。7 月 8 日，当选为宾夕法尼亚会议的费城代表人。7 月 16 日出席宾夕法尼亚制宪会议，并当选为主席。7 月 20 日，大陆会议任命他为会议代表。会议允许他回复豪勋爵的私人信函，那一天，他在回复这封信函中写下了"长期以来，我以真挚和不倦的热忱努力使英帝国那只高贵的瓷花瓶不要打碎"的名言。8 月 15 日前修订了《权利宣言》，由于宣言声称，本州认为财产过于集中不利于人类的幸福，所以不会鼓励人们这样做，由于这个宣言过于激进，所以被宾夕法尼亚议会否决。7 月 30 至 8 月 1 日，他在议会上辩论"联邦条例"，提倡在会议中不要行使平等代表制，最好是推行各州的比例代表制，这个提议也是没有通过。9月11日至9月13日，议会委派他到斯塔滕岛会见豪勋爵，两个人还是对英美之间的关系有不同的看法。9月26日，与塞拉斯·迪恩和阿瑟·李一起被议会选定为出使代表去谈判条约。秋季，"和平建议草案"建议英国把加拿大割给合众国。10月27日，乘战船前往法国，陪同的有他的孙子威廉·坦普尔·富兰克林（威廉的私生子）和本杰明·富兰克林·贝奇（女儿萨拉最大的孩子，7岁）。12月3日，在法国欧赖登陆。12月21日，抵达巴黎。12月28日，会见法国外交大臣韦尔热纳伯爵并开始谈判。

1777年　　1月5日，专员们正式申请法国援助；1月9日，路易十五答应了专员们的要求，获得了法国对援助的保证；1月13日，专员们得到了200万里弗尔的口头承诺。大约在2月27日的时候，在距离巴黎2英里的帕西建造了一座房子作为住所。6月17日当选为巴黎皇家医学会的会员。驳回英国大使斯托蒙勋爵发布的英国已经获得胜利的谣言，使斯托蒙勋爵的名字成为笑柄。当时有人问及华盛顿军队的六个营是否真的投降时，他是这样回答的："不，先生，那不是真的，他只是个斯托蒙。"还有"不是他绕过了费城，而是费城绕过了他"，这句话削弱了威廉·豪爵绕过了费城的意义。8月25日，由于想在家里安装一台小印刷机而订购了50磅的铅字，这个数量表明了他想印一些小笔记、表格、文件（在1778年和1779年间又再次买了铅字，有时候还会雇佣印刷工印刷较长的文件、小册子或者书籍，有可能他自己也印刷过一些东西）。12月4日，萨拉托加大捷，这个消息敦促与法国结盟的谈判。他在帕西地区建立好几个朋友圈子，里面包括路易·勒韦亚尔、布里扬·德·茹伊夫人（他给她写过调情书信和文章）、乌德托伯爵夫人（让·雅克·卢梭的情人），还有寡妇爱尔维修夫人，她的沙龙经常有包括法国财政大臣安·罗贝尔·雅克·杜尔哥在内的政界要人和其他知识界名流参加。

1778年　　1月28日专员们向议会报告法国答应一年给予600万里弗尔的援助，分四次支付。2月6日，同法国签订同盟条约和友好商务条约；富兰克林穿着1774年1月29日他在枢密院前，被韦德伯恩指控时穿着的同一套褐色天鹅绒服装，这在签字仪式上是最具有意义的事。3月20日，美国专员们公开地会见路易十六。4月7日，出席伏尔泰组织的"共济会九姐妹地方分会"入会仪式。在法国的科学院上开会的观众们要求与伏尔泰拥抱，这个举动确认了他们是各自国家知识楷模的标志。4月7日，在伦敦的时候，鲍斯威尔把富兰克林认为人是"一种制造工具的动物"的定义推荐给约翰逊博士。塞拉斯·迪恩取代约翰·亚当斯成为驻法代理，与富兰克林一起共事。6月17日，法国对英国宣战。7月1日，英国的特派员告诉他，若他愿意协助英国达成和解计划，事后英国政府会给他丰厚的报酬作答谢，但是他嗤之以鼻。9月14日，他当选为驻法全权大使。11月28日，主持伏尔泰共济会的葬礼。

1779年　　6月21日，西班牙向英国宣战。从法国那里又获得了3000万里弗尔。12月，英国驻法外交官本杰明·沃恩在伦敦出版《皇家学会会员、法学博士本杰明·富兰克林政治、哲学和杂文集》，这是第一部全面汇集富兰克林这一方面文章的文集。

1780年　　8月9日，向大陆会议报告和平谈判的同事约翰·亚当斯在与韦尔热纳交谈的信件中，出言不逊，得罪了法国政府，并在另一个当事人的要求下将书信副本寄给议会。从此之后，约翰·亚当斯恨透了法国以及富兰克林。10月2日，他拒绝了用美国对密西西比河的所有权去交换西班牙的援助，并用"一位邻居要我卖出我的街门"这个生动形象的比喻来表明他的立场。

1781年　　2月13日，在写信给韦尔热纳中提到，美国的对西班牙的使命是失败的，美国只能依靠法国，要求法国提供美国财政军事需求所需的大笔资金。6月4日和10日，再次要求韦尔热纳支付亚当斯（此时他在荷兰）和约翰·杰伊在西班牙以及大陆会议的账单。大陆会议委任富兰克林、杰伊等人同亚当斯一起作为特使参加和谈，并要求他们必须在法国了解并同意他们的情况下才能做出行动。10月19日，查尔斯·康华利将军在约克镇向华盛顿投降。

1782年　　再次要求韦尔纳热为杰伊跟亚当斯的账单付费。2月28日，埃蒙德·柏克写信给富兰克林的时候，称他是"人类的朋友"。3月至6月，英国决定与美国和平使团开始直接谈判，这是一次非正式的和谈。4月18日，英国方面的主要和谈代表是奥斯瓦德，他表示英国将会把加拿大割让给美国。7月10日，富兰克林在没有通知韦尔热纳的情况下，向奥斯瓦德提出了"必不可少"的条款。7月至10月，富兰克林和杰伊坚持把承认美国独立作为正式谈判的先决条件。9月21日，奥斯瓦德收到来自英国的新授权，正式承认了美国的独立，但是富兰克林和杰伊在未取得韦尔热纳同意的情况下起草了一个准备和谈的条款，并给了英国。8月至10月，他痛风发作严重，随后患上了尿砂症。10月26日，亚当斯抵达巴黎和他一起参加和谈。11月30日，奥斯瓦德和美国的专员们签订和约草案。12月，韦尔热纳抗议美国违约，富兰克林承认美国在外交上的不适当之处，并表示了美国对法国的感谢，机智地处理了这一问题。之要求再次借款，韦尔热纳同意了，保证提供600万里弗尔的贷款。

1783年　　1月20日，富兰克林和亚当斯在凡尔赛出席《英法和约》及《英西和约》草案的签字仪式，声明《英美和约》开始生效和宣布停战。1月25日，要求再从法国贷款600万里弗尔，与之前的加起来一共欠法国2000万贷款。3月6日，他头戴桂枝和长春花出现在法国巴黎博物馆举行的庆祝战争结束的庆典上。希望韦尔热纳能够安排用法文译本出版美国州宪法和邦联条例；将罗什富科公爵翻译的法文译本递交给所有的外国使节。4月3日，在《美瑞友好商务条约》上签字。1783年7月，与巴黎的罗马教皇使节协商在美国建立罗马天主教的组织程序问题，并一直持续到次年7月；提出由曾经陪他出使过加拿大的约翰卡·罗尔担任这次的牵线人，次年7月约翰卡·罗尔接受此项任命，成为美国天主教神职人员的领头羊，随后接受主教职权。富兰克林对早期一系列的气球升空试验着迷，并报告给皇家学会会长约瑟夫·班克斯爵士。11月21日至12月1日，两次都目睹最早的载人气球的飞行。有些观察者嘲讽他，这能有什么用处？他反问道："刚出生的婴孩有什么用？"9月3日，同杰伊、亚当斯及英方代表哈特利参加结束战争的《巴黎和约》签字仪式。当选为爱丁堡皇家学会的荣誉会员。

1784年　　1月26日，在给女儿萨拉的信中提到了美国革命元老们所组织的辛辛那提协会中的贵族排场以及把美国认为是一只老鹰的说法是可笑的，并开玩笑地说，他觉得将火鸡作为美国的象征反而是最恰当的。3月，路易十六委托他研究F.A.梅斯梅尔的动物磁性理论，8月2日撰写报告，认为"动物磁性是不存在的。"9月4日向科学院宣读了这一报告。5月12日，《英美贸易条约》获得批准，翌日，富兰克林提出辞职请求。大约是在这一年的暮春，开始写自传的第二部分。之后他又接受了新的使命，与亚当斯和杰斐逊共事，同欧洲诸国及西北非伊斯兰教各国商谈友好商务条约。8月30日，他们正式开始工作。他还当选为马德里皇家历史学会的会员。

1785年　5月2日，杰斐逊被任命为驻法公使以接替富兰克林，富兰克林被获准返回美国。5月23日，阐述了双光眼镜的发明过程。7月9日，同普鲁士签订条约，这个条约体现了关于中立、私自掠夺、免征海上捕鱼的私人财产等的理想化观点。7月12日，富兰克林离开帕西，由于膀胱结石带来的痛苦，不得不躺在用一头骡子驮着的狭窄担架上行进。7月22日，在法国的阿勒弗尔起程。7月24日，到达英国的南安普敦，在儿子威廉·富兰克林及其他一些朋友的陪同下访问了南安普敦。7月28日，起程返回美国费城。在航行途中写了《海洋观察》，包括墨西哥湾流路线图、改进船速的最佳配帆笔记、速度和温度的观察资料等。9月14日抵达费城，费城人民倾城而出，组成了一支浩大的欢迎队伍，鸣炮、敲钟迎接富兰克林的归来。10月11日被选为宾夕法尼亚最高行政会议的成员。10月18日，当选为"宾夕法尼亚最高行政会议"成员，之后的两年里都是全票通过竞选。将自己的薪水全部捐赠给了慈善机构。

1786年　1月，他设计了从高书架上拿书的工具。发现自己在市场大街的住所（现由女儿萨拉·贝齐一家居住）太小了，将其扩建，建成了一座拥有4000多册图书的书房和一间超大餐厅大宅。

1787年　2月，帮助创建"政治研究会"，这是一个致力于增进政府官员们知识的机构，他当选为第一任主席。4月23日，当选为重组的宾夕法尼亚促进废奴协会主席，为废除奴隶制度继续发挥自己的余力。5月28日至9月17日，作为宾夕法尼亚代表参加联邦制宪会议，反对最高行政职位的工资标准，时年81岁。6月11日，力陈国会的代表比例应该与人口比例相等。6月28日，提议制宪会议开始时先行祈祷。由于这个提议太具争议性，所以未通过。7月3日，建议全体委员在代表制问题上接受"大妥协"，即国会的代表比例应该与人口具有同等的比例，委员会投票后赞成了他的提议。9月17日，在制宪会议上致闭幕词，号召每一个成员"不能说这样一个宪法是绝对可靠和正确的"，但要力争全体一致地通过它，从而使宪法生效。

1788年　　7月17日，富兰克林写下遗嘱，他的大部分财产都留给了女儿萨拉和她的家人，孙子和外孙拥有少量的遗产。由于最近的战争中儿子威廉·富兰克林反对他的部分行为，所以几乎没有给儿子留多少遗产；在次年6月23日，又写了遗嘱的附录，对波士顿和费城给予了遗赠。8月开始撰写自传的第三部分。10月14日，辞去了宾夕法尼亚最高行政会议主席的职务，结束了他长达60年的政治生涯。

1789年　　2月12日，作为宾夕法尼亚促进废奴协会主席，撰写并签署了给美国国会的一份建议书反对奴隶制。3月5日，在经过讨论后，委员会要求国会不能干涉各州的内部事务。9月16日，向华盛顿总统发出祝贺信，祝贺在其管理下的新政府获得前所未有的成就，并对美国当时的形势深感欣慰。11月2日至13日将自传的第一、二、三部分送给他在英国和法国的朋友们。11月13日，跟让·巴蒂斯特·勒鲁瓦聊天时，说到了他认为在这个世界上除了死和税是绝对的，没有任何的东西是永恒的。当选为圣彼得堡俄帝国科学院的院士。

1790年　2月3日，以宾夕法尼亚废奴协会主席身份签署了一份要求国会反对奴隶制和奴隶贸易的文件。3月9日，跟埃兹拉·斯泰尔斯重申了他的终生信条。3月23日，公开发表了他对于奴隶制拥护者的讽刺，这是他公开发表的最后一份关于反对奴隶制的文章。4月8日，处理了他的最后一件公务，写信答复国务卿杰斐逊关于巴黎和谈委员会解决东北疆界问题的询问，并送去了他自己的一本曾在那里使用过的米切尔地区的地图。4月17日晚，本杰明·富兰克林离开了人世，享年84岁。尽管他最后的时光因患膀胱结石而非常痛苦，但是死因却是伴随肺化脓的胸膜炎。4月21日，他被埋葬在费城基督教堂墓地里妻子德博拉和儿子弗兰西斯的墓旁。

译后记

本杰明·富兰克林（Benjamin Franklin，1706～1790），美国著名的思想家、外交家、政治家、科学家和实业家。他出生在一户处境十分艰难的皂烛制造商家中，以至于他仅上过2年小学后就被迫辍学到父亲的商店帮忙干活。12岁那年他就开始在他哥哥的印刷厂做学徒工，不仅学到了一手出色的印刷技术，还自学了法语、西班牙语、意大利语以及拉丁语。此后他更是勤奋自学，阅读了许多关于欧洲各国历史、哲学和文学等方面的书籍，就连自然科学和政治经济学他也有着很深的研究。

在富兰克林17岁那年，他前往费城，在一家印刷厂当工人时受到了州长基夫的赏识。在基夫的鼓励下，第二年他便离开印刷厂，到英国购买所需设备，准备自己开业，然而却被基夫欺骗，被迫留在了英国，这一留就是一年多的时间。

当他再度回到费城后，在与一个朋友的合伙下，他们的印刷厂终于开业，并受到了许多赞扬。到了第二年富兰克林成了《宾夕法尼亚报》的主办者，到了1736年，他被推选为宾州议会的秘书，至此他的政治生涯就拉开了序幕。

成名后的富兰克林为北美殖民地的文化传播以及社会福利方面做出了极大的贡献，他对宾夕法尼亚的市政进行革新，在他的组建下，讲读会、美洲哲学社、印刷厂、图书馆、医院、大学、地方民兵等等许多组织都成了北美相关组织机构的先锋。在他的努力发明下，农业生产、新式火炉、电学、避雷针、玻璃乐器等方面的研究都有了新的突破。不仅如此，他在植物学、光学、数学、海洋学等学术研究上都颇有成就，甚至引起了英国皇家学会的重视，成为他们学会的会员。

1754年，富兰克林的殖民地联盟方案通过，在阿尔巴尼集会上，他提出了"不联合则灭亡"的口号，极力号召各殖民地团结一线，为自由而战。

1757年7月至1775年3月，富兰克林辗转于英国王室、议会等各界人士之间，这位出色的外交家和政治家一直为北美殖民地人民的利益努力着。

1775年5月，富兰克林参加了第二届大陆议会，开始与亚当斯等人率领民主派与保守派展开斗争，到了1776年6月，他参与起草《独立宣言》，年底时他被派去法国商议法美联盟，随后又代表美国和英国进行谈判。

1783年，《巴黎和约》顺利签订，北美殖民地正式独立，至此富兰克林的外交任务圆满完成，1785年，他回到自己的国家，并连续3次连任宾夕法尼亚州的州长。

1787年5月25日，已经是81岁高龄的富兰克林虽然已经抱病在身，但他仍旧坚持参加了美国第一次制宪会议，并担任大会的副主席。会上各州因为利益不均衡的问题发生了争执，但在富兰克林的发言下，双方进行协调，最终美国第一部《宪法》终于诞生。而这部《宪法》，富兰克林曾参与过部分编写的工作。

1790年4月17日，这位出色的思想家、外交家、政治家、科学家和实业家因胸膜炎而病逝了。他的卓识远见为今天的美利坚联合国奠定了基础，他为了联邦的联合之路付出了毕生的精力，他用他的精神影响着美国一代又一代的青年们。

富兰克林的经验教训就像是一本教科书，能给人以深刻的启迪。他还提出了13项道德修养，影响了无数的有志青年。所以，他是"青年的灵魂和心灵导师"，是当之无愧的楷模。

最终他只留下了一部《自传》，这部《自传》只写到了1757年，关于后面他的辉煌事迹并没有叙述，但已经足够体现他深邃的思想和精神。

两百多年了，《富兰克林自传》已经被翻译成不同的语言，在全世界广泛传播着。我们出于对这位历史伟人的敬仰，将这本《自传》为中文译，希望能将他的精神和思想传递给我国的读者朋友们。如果有什么不妥之处，还请指教。

译者